국민주권시대의
제왕학

21세기 군주론

양 선 희 저

목차

들어가며

1 고대 '제왕학'의 발견

1. 제왕학에 대한 오해
2. 제국엔 왕 아니면 신하만 있다
3. 〈한비자〉에서 시작하는 제왕학
4. 현대인을 위한 제왕학의 메시지

2 제왕학에서 배우는 군주의 처세

1. 좋은 형과 군주의 리더십은 다르다
2. 무위(無爲)-만기친람에 대한 경고
3. 측근을 사랑하는 군주는 위험에 빠진다
4. 명분을 세우고, 잔머리를 굴리지 말라
5. 군주의 경박함은 대가를 치른다
6. 마음씨 좋은 군주가 나라를 망치는 방법
7. 좋은 군주는 믿을 수 있는 군주(信主)

3 인사가 만사

1. 명성 높고, 칭찬받는 자들을 경계하라
2. 군주가 간신을 키우는 법
3. 아궁이가 된 군주
4. 용인(用人)에 성공하는 법
5. 인재를 얻는 방법
6. 공정한 것이 지키는 것이다

4 군주의 무기 법(法)·술(術)·세(勢)

1. 법은 공익을 세운다
2. 세(勢)를 얻은 군주의 성공법
3. 중간 자질의 군주가 사는 법
4. 술(術)이 없는 군주는 속는다
5. 최고의 '술'은 사람을 보는 안목

5 법과 도

1. 법의 롤 모델은 자연의 원리
2. 〈도덕경〉에서 배우는 제왕학
3. 사람들의 뒷모습

들어가며

이 책을 쓰게 된 건 아이러니하게도 전 세계를 고통스럽게 한 전염병 '코로나19' 때문이었다. 개인적으론 프로젝트가 중단되면서 시간이 많아진 것도 이유의 하나였지만, 그보다는 이 전염병을 극복하는 대한민국의 독특한 방식에 대한 '감동' 같은 것에서 시작됐다.

이 전염병 위기는 나에게 대한민국은 대통령과 정부, 정치인들이 이끌어가는 나라가 아니라는 확신을 갖게 했다. 나만 느낀 건 아니었던 것 같다. 당시 만나는 사람마다 서로 쳐다보며, "한국이 이렇게 선진국이었어?"하며 놀라움을 표현하곤 했다. 그리고 힘든 시절에 뿌듯한 자부심을 느끼곤 했다. 그것은 순전히 뛰어난 시민들의 저력, 민간부문의 실력 덕분이었다. 우리는 그동안 한국의 3류 정치를 보며 우리 자신을 너무 격하시켜 생각했던 것이다.

그 과정에서 나는 '대한민국의 주인'은 누구인가를 다시 생각했다. '대한민국 주권은 국민에게 있고, 모든 권력은 국민에게서 나온다.' 는 헌법 1조 조항을 알고 있었지만, 그것은 어느 대목에선 비현실적이었다. 그런데 코로나19를 계기로 한국 국민은 꽤 믿음직한 나라의 주인이라는 자각을 하게 된 것이다. 그리고 나는 오랫동안 쟁여놓기만 했던 '제왕학'의 이야기들을 정리하기 시작했다.

제왕학은 한마디로 하자면 용인(用人), 즉 군주가 사람을 쓰는 이야기다. 군주가 어떤 사람을 어떻게 써야 하는지, 사람을 자기 목적에 맞게 움직이도록 하려면 스스로 어떻게 처신해야 하는지를 다루는 군주 처세를 위한 실용적 기술서. 왕이 나라의 주인이고, 그 아래로는 신하와 백성밖에 없던 시대에 '제왕학'을 제대로 알아야 하는 사람은 왕, 즉 군주였다.

하나 고대 제왕학의 교재들은 왕의 심기를 보좌하고 왕을 움직여 자신의 목적을 달성해야 하는 모사(謀士)들이 끌로 파듯 연구하는 지침서가 되었다. 제왕학을 둘러싼 긴장감은 이런 대목에서 조성되는 측면도 있는 것 같다.

제왕학의 스승들. 주무왕의 재상이었던 태공망 여상, 제환공의 재상 관중, 진나라 효공의 재상 상앙, 제왕학의 정신적 지주인 노자와 제왕학을 집대성한 한비자 등은 우리나라에선 그다지 환영받지 못했다. 왕만 알면 되는 제왕학을 민간이 알게 되는 걸 꺼려했기 때문일까.
  그러다 코로나19를 계기로 이 시대, 나라의 주인은 국민이라는 걸 새삼 느끼게 되면서 이제는 국민들이 왕의 일과 처세에 대해 알아둘 필요가 있다는 생각이 들었다. '제왕학'은 이제 주권자로서 국민의 실용서로 재평가할 때가 된 것이 아닌가 하는 생각.

  고대 제왕학에서 군주에게 권하는 처세는 '무위'(無爲)다. 제대로 일할 신하들을 잘 뽑아서 적재적소에 앉혀놓고, 그들의 일을 감시하고, 잘 하면 상을 주고 잘못하면 벌을 주는 일. 그것이 왕의 일이었다.
  지금의 국민들도 다르지 않다. 나랏일을 할 대통령과 정치인을 뽑고, 그들에게 권력을 위임하고, 하는 일을 감시해 재신임을 하거나 신임을 거두는 일, 그리고 잘못한 일에 대해서는 벌주도록 요구하는 일. 그것이 국민주권 시대 국민의 일이다. 이미 우리 국민들은 그 일을 시작했다고 생각한다.

고대 동양의 제왕학에 기록된 사례들은 왕이 재상이나 측근을 어떻게 쓰느냐에 따라 흥망성쇠가 결정됐음을 보여준다. 같은 맥락에서 우리 국민들은 대통령을 잘 뽑아야 한다. 그리고 정치인들의 행동양식과 속셈을 잘 파악해야 한다.

파당적 '진영'의 눈이 아닌, 주인의 눈으로 그들을 잘 파악하고 감시하고 일을 제대로 하도록 시켜야 한다는 말이다. 대통령과 정치인이 주인이 아니라 국민이 주인이라는 사실을 각성하면서 말이다.

그 방법을 고대 제왕학 스승들의 육성으로 들어볼 필요가 있을 것이라 생각한다. 이 책은 고대로부터 전해내려온 제왕학의 통찰력에 대한 컴필레이션(compilation)이다. 국민이 권력을 위임할 대통령을 잘 뽑는 눈을 키우는 데 이 책이 보탬이 됐으면 한다. 그리하여 일류 국민에 걸맞은 일류 정권을 갖게 됐으면 하는 희망을 가져본다.

2020년 7월
양 선 희

1.

고대 '제왕학'의 발견

1. 제왕학에 대한 오해

'요즘 세상에 제왕학이라니…'
　처음 '제왕학'이라는 말을 들었을 때, 그 첫 인상은 별로 좋지 않았다.

　1997년. 한국엔 IMF외환위기가 닥쳤다. IMF 구제금융을 신청하기 한 달 전, 나는 사회부 법조 팀에서 경제부문 실물경제 출입으로 옮겼다. 기업과 재계, 산업이 내 출입처였다. 그 이후 수많은 기업이 퇴출됐고, 많은 기업인들이 기소됐고, 그런 한 편에선 벤처 붐이 일어났다. 다이내믹한 시대였다.
　그 와중에 또 하나의 다이내믹이 있었으니, 여러 대기업 2,3세들의 '약진'이었다. 난세(亂世)에 '신화(神話)'를 만들어 후계구도를 공고히 하려는 시도들은 도처에서 일어났다. 훗날엔 이때의 일들로 불법과 탈법 사이를 오가며 '용비어천가'를 지어 바치던, 이 집안 저 집안 가신(家臣)들이 옥사(獄事)에 연루되는 등 참으로 어수선했다.
　부모가 자식에게 재산을 물려주는 거야 말릴 수 없고, 가업을 계승하는 건 인류의 오랜 관행인 데다 효율적일 수도 있지만, 대기업 재벌의 경우는 좀 다르다. 우리나라 재벌은 개발연대에 나라의 개발자금과 특혜금융의 산물이기도 하다. 사회적 공기라는 말이다.
　그런데 굳이 이런 기업의 경영권을 아들에게 세습하려는 시도들은 도처에서 일어났다. 최근에야 삼성 총수격인 이재용 부회장이 앞으로는 기업을 아들에게 물려주지 않겠다고 선언했지만, 이런 자각은 이미 수많은 불법과 탈법이 저질러진 이후에야 일어난 것이어서 안타깝다.

예부터 집안의 법으로 마을을 다스리면 안 되고, 마을의 법으로 도시를 다스리면 안 되고, 도시를 다스리는 법으로 나라를 다스리면 안 된다고 배웠다. 미치는 영향력과 범위가 달라지면 그에 적용하는 법도도 달라진다는 얘기다. 20여 년 전에도 내 보기에 재벌의 세습은 집안의 법으로 나라를 다스리겠다는 발상으로 보였다.

그래서 모 재벌에서 일을 돌보는 한 인사에게 물어봤다. 도대체 그 '회장님 아들'이 대권(경영권)을 맡아야 하는 이유가 무엇인지 말이다.

"어려서부터 제왕학을 공부한, 준비된 오너이기에 이렇게 큰 기업군을 이끌 지도자는 그분밖에 없다."

그 전에도 간간이 오너 집안의 젊은이가 회사 최고경영자가 된 경우 '어려서부터 제왕학을 공부하고…'라는 말을 들은 적이 있었다. 개인적인 능력과 더불어 나라의 개발자금과 특혜금융으로 기업을 일궜던 개발연대의 창업자들과 달리 그 후세대들은 야금야금 '제왕학'으로 무장하고, 부친의 기업을 물려받을 준비를 하는 모양이었다.

'제왕' '제왕학'

나는 법조 팀에서 〈12.12 및 5.18 사건과 대통령 비자금 사건〉 재판을 취재했었다. 매주 두 차례씩 두 명의 전직 대통령 피고인들의 재판을 지켜보며, 그들은 자신들을 대통령이 아닌 제왕으로 착각한 게 아닌가 생각했었다. 나랏돈을 내탕금처럼 쓰고, 기업인들은 공물(貢物)을 헌상하듯 조(兆)단위의 돈을 바쳤으니 말이다.

그런데 기업 출입으로 왔더니 여기서도 '제왕학'이란다. 기업은 '하늘이 천명(天命)을 내린 군주'가 지배하는 제국이 되어가고 있었다.

민주주의·국민주권주의가 헌법에 명시된 대한민국에서 제왕 노릇을 했던 대통령들, 개인의 자산과 능력에 더해 국가의 자산과 금융과 정책 지원을 바탕으로 서구 자본주의 모델을 모방해 설립된 대기업들이 건설하는 전근대적 기업 제국. 그리고 그들을 현혹하는 '제왕학'.

'일단 우리 사회를 말하려면 제왕학을 알아두긴 해야겠다.'

2. 제국엔 왕 아니면 신하만 있다

"하늘 아래 왕의 영토가 아닌 곳이 없고, 땅 끝까지 왕의 신하가 아닌 사람이 없다."

이 말은 고대 제왕학의 본거지인 중국의 문헌들에선 상식처럼 나오는 표현이다. 2000여 년간 제국의 역사를 지속해온 중국에서 왕은 천자(天子)였다. 하늘이 땅의 모든 것을 천자에게 주었고, 천자는 하늘 아래 모든 것을 소유하고 관리하는 자였다. 당연히 사람도 그의 소유물이었다.

그런데 수시로 혁명이 일어났다. 왕들은 자리를 빼앗겼다. 논리는 간단했다. 왕의 권리는 하늘이 준 것이므로, 왕이 천명을 받지 못했으면 천명을 받은 자가 빼앗을 수 있다는 것이다.

예를 들어 중국 고대사에서 하(夏)나라 걸(桀)왕과 함께 대표 폭군으로 꼽히는 은(殷)나라 주왕(紂王)은 천명을 받아 천자 자리에 있었으나 달군 쇠기둥에 사람을 발가벗겨 기어가도록 하면서 산 채로 굽는 포락의 형을 만드는 등 극도로 무도해 천명이 주(周)나라로 바뀌었다는 식이다. 혁명의 순간마다 천명은 봄 날씨만큼이나 변덕스럽게 바뀌었다.

천명은 하늘이 직접 얘기해주지 않았다. 승리한 자, 천명을 받았다는 자의 입을 통해 선포되면 그만이다. 천명은 사람의 일이었다.

주 무왕(武王)을 도와 은나라를 토벌했던 태공망(太公望) 여상(呂尙)은 세상은 모두의 것이라는 '천하위공'(天下爲公)을 주창했다. 요즘말로 하자면 '천하(세상)의 주인은 국민'이라는 말이다. 천자는 하늘의 뜻을 받아 세상을 다스리지만 세상의 주인은 아니니, 세상이 그를 거부하면 천명을 거두어들일 수 있다는 논리는 이렇게 성립된다.

　고대의 왕은 분주했다. 천명도 받아야 하고, 그것도 지켜야 하니 말이다. 공부가 필요했다. 바로 이 대목에서 제왕학은 설 자리를 찾았다. 제왕학은 바로 천명을 다루는 정치기술에 관한 실용 지식으로 자리 잡았다. 하늘이 천명을 거두어가지 못하도록 지키고, 언제든 천명을 사칭하려는 욕망에 들끓는 야심가들로부터 군주가 자신의 천명을 지키는 기술.
　이처럼 고대 중국의 제왕학은 제왕들의 생존술에 관한 실용 지식이었다. 제왕의 생존조건은 하나다. 나라를 잘 유지하는 것. 그러려면 정치는 안정돼야 하고, 나라의 곳간은 풍족해야 하며, 야심에 찬 신하들은 제압해야 하고, 호시탐탐 기회를 노리는 적국에 잘 대응해야 한다.
　이런 점에서 고대 제왕학은 얕은 제왕학 지식으로 무장한 일부 우리나라 제왕학의 계승자들이 즐겨 탐독하는 '모사론'(謀士論), 즉 인간을 제압하는 '정치공학적' 기술만으로 점철돼 있지 않다. 실제로 많은 대목에서 국가를 유지하고 발전시키는 '도'(道)를 논하는 것으로 확장된다. 여기에 21세기에도 제왕학이 설 자리가 있는 것이다. 그러나 주의해서 보아야 할 대목들도 여전히 많다. 우선 그 얘기부터 하겠다.

　최근엔 시중에서 '제왕학'이라는 표제를 단 책들을 많이 보게 된다. 과거엔 소위 '다이아몬드 수저'들 사이에서나 얘기가 되던 '제왕학'이 이제는 대중화되는 추세다.
　원래 제왕들을 가르친 교재들은 각각 다른 특징들이 있지만, 매우 시시콜콜하다. 관중의 〈관자〉의 경우 통치술이나 통치철학 등에 대해서도 논하지만, 농사를 짓는 시기나 어떤 씨앗을 쓸 것인지, 세금을 계산하는 방법 등 각종 잡다한 실무들도 나열하고 있다. 태공망의 〈육도〉는 병법서라는 점에서 주로 전술과 전략에 대한 이야기가 많지만 사람을 어떻게 골라야 하는지 안목, 보좌진을 구성하는 기술 등을 자세히 다룬다. 제왕들은 그렇게 알아야 할 것들이 많았다는 얘기다.

우리나라에는 최근에 '최고지도자들의 리더십' 교양서 성격으로 주로 발간된다. 물론 제왕학은 리더십 론이다. 하지만 제왕학의 리더십은 주의 깊게 볼 필요가 있다. 현대 사회가 추구하는 리더십, 즉 공동목표를 지향하는 집단을 이끌며, 동기를 부여하고 헌신해 공동의 이익을 창출하는 현대적 리더십과는 차이가 있어서다. 제왕학의 리더십이 추구하는 것은 천하를 자기 발 아래 두는 기술, 즉 천하는 왕의 것이고 세상 사람들은 모두 왕의 신하가 되어 다스림을 받는 '천자의 리더십'을 지향한다. 천자는 주인인 동시에 지키는 사람이다.

그래서 고대제왕학엔 필히 소위 사람들을 거느리고 제어하는 통어(統御)기술을 중심으로 한 살벌한 '정치공학'적 기술들이 있다. 매우 싸늘하고 무자비하다. 지금과 같은 인권문제나 민주주의, 개인의 자유 같은 것들은 깡그리 무시된다. 여기에서의 개인은 제왕의 신하로서의 선비, 백성만이 의미가 있다.

이 대목에선 그 시대적 배경을 이해해야 한다. 제왕학은 전국시대 중기, 그야말로 제후국들마다 서로 호시탐탐 침략의 기회를 노리고 전쟁을 벌이며, 각 제후국마다 반역이 일어나 왕이 신하에게 잡아먹히는 일이 수시로 벌어지던 시대에 나온 것이다.

문명적으로는 노예제 사회에서 봉건제로 진화하면서 각 제후국마다 전제권력을 강화하던 때이기도 했다. 자유나 인권에 대한 생각은 없다. 오직 신민들을 왕의 신하로만 살도록 하는 데 집중하고 있다. 따라서 당시의 정치공학적 통어술을 현재의 기술로 가져오는 건 힘들다. 아니, 가져오면 안 된다.

한 예로 제왕학에서 백성을 다루는 방식은 '길들이는 것'이다. 반란을 일으키지 않고, 왕이 부리고 싶을 때 언제든지 부릴 수 있고, 다스릴 수 있는 상태를 유지하는 것. 사례로 보는 게 쉽겠다. 다음은 〈한비자〉에 나오는 내용이다.

> 진나라에 큰 흉년이 들었을 때 응후가 청했다.
> "왕의 놀이터인 다섯 동산의 채소와 도토리·밤으로 충분히 백성을 살릴 수 있으니 그것을 개방해 주십시오."
> 소양왕이 말했다.
> "내 진나라 법은 백성들에게 공이 있으면 상을 주고 죄가 있으면 벌을 주는 것이오. 지금 다섯 동산을 개방하여 채소와 과일을 주는 것은 백성에게 공이 있든지 없든지 상관하지 않고 상을 주는 것과 같소. 이렇

게 백성이 공이 있을 때나 없을 때나 상을 주는 것은 바로 혼란의 길로 가는 것이오. 다섯 동산을 열어 어지러워지기보다 채소와 과일을 썩히고 다스려지는 것이 더 낫소."

일설에 의하면 이렇게 말했다고 한다.

"다섯 동산을 열라고 명해 채소·대추·밤을 주면 백성을 충분히 살릴 수 있지만 이는 백성에게 공이 있으나 없으나 서로 다투어 뺏도록 하는 것이오. 살려서 혼란스러운 것이 죽어서 다스려지는 것만 못하오. 대부는 그런 말을 하지 마시오."

(한비자, 외저설 우하편)

정치공학적으로 제왕학의 용인술을 잘못 받아들이면 이처럼 '기만술', 줄 달린 인형을 조종하는 인형사의 기술이나 인간조종술로 오해할 수 있다. 일부 제왕학을 표방하는 '모략서'들을 탐독하다 보면, 이런 못된 기술에 현혹될 위험도 있다. 실제로 이런 '못된 기술'만 몇 개 배워서 제왕학적 용인술 운운하는 경우를 본 적도 있다.

이런 지식들만 쫓으면서 스스로를 '제왕학의 고수'라고 우기는 사람들은 자칫하면 자신을 절대군주로 착각하고, 직원 혹은 국민들을 도구화하고, 효율성 기계로 전락시킬 수 있다. 자신을 전제군주로 착각해 '갑질'을 일삼는 만행을 저지를 수도 있다는 거다. 제왕학의 지식은 그 표피 아래로 한 꺼풀 벗겨 들어가지 않고, 표면의 느낌과 몇 개의 사술(邪術)에 혹하는 경우엔 일이 커진다. 그래서 제왕학을 볼 때에는 현재의 관점에서 타당성을 잘 저울질해봐야 한다.

현대인이 제왕학에서 유심히 탐구해야 할 부분은 바로 '군주의 도(道)'라고 불리는 일종의 군주윤리학적 부분과 '정치적 인간학' 혹은 '정치적 인간심리학'으로 부를 수 있는 분야다. 태공망 여상, 관중 등 제왕의 스승들이 남긴 글과 〈한비자〉에는 정치적 인간들의 행태와 이를 다스리는 원리 등을 빼곡하게 기록해 놓았다. 그런데 이 내용을 보고 있으면, 2000~3000여 년 전의 이야기가 아니라 지금 이 시대에도 벌어지는 정치적 인간들의 작태와 너무나 유사해 소름이 돋는다.

정치적 인간에 대한 탐구와 통찰은 요즘 나오는 리더십론 같은 이야기와는 비교가 안 될 정도로 적나라하고 깊다. 여기서 얘기하고 싶은 건 그 내용이다. 이 얘기는 좀 있다 본격적으로 하기로 하고, 이 책에서 다루려고 하는 고대 중국의 제왕학이라는 게 도대체 무엇인지 간략하게 짚어보고 넘어가는 게 좋겠다.

3. 〈한비자〉에서 시작하는 제왕학

'제왕학'으로 가장 쉽게 접근하는 길은 〈한비자〉(韓非子)로 통한다. 이 저작은 고대 제왕학의 교과서라는 닉네임도 달고 있다. 실제로 이 책은 '군주가 어떻게 통치해야 하는가.'라는 한 가지 주제에만 몰입한다. 즉 '군주를 위한 통치 기술서'로 곁눈질도 안 하고 일로매진이다. 앞으로 우리가 다루게 될 내용도 상당 부분 〈한비자〉가 중심이 될 것이다.

그런데 〈한비자〉는 어디서 뚝 떨어진 독창적 사상이 아니다. 나는 한비자의 글만 놓고 현대의 직업군에서 그의 일을 찾아본다면, 언론인·칼럼니스트로 본다. 〈한비자〉는 글의 성격으로 나누어보면 크게 세 가지 형태로 구성되어 있다. 자기 견해를 주장하는 글, 사례 모음집, 논평이다. 주장 글의 경우는 다양한 사례와 인용으로 자신의 주제를 뒷받침하면서 견해를 피력하는, 전형적인 칼럼 형태다. 사례 모음집은 기자들의 취재 노트처럼 다양한 사례들을 스케치 형태로 모아놓았다. 또한 〈노자〉(老子)해설과 공자·묵자 등 다양한 사상가의 논의를 반박하고 논평하는 글들은 지금 시점에 보아도 참신한 시각을 보여준다.

원래 언론의 글은 창작품이 아니다. 이미 존재하는 것들을 끌어 모아 정리하고, 현실을 취재하여 팩트를 보충하고, 맥락을 파악해 엮어가는 것이다. 칼럼은 현실의 팩트를 바탕으로 자신의 관점을 보여주는 글이다. 그러므로 글의 맥락을 좀 더 이해하려면 당대의 사회적 배경을 알아야 한다. 또 그의 관점을 이해하려면 당대의 사조나 그가 추구했던 이념적 배경도 알아야 한다. 그가 인용한 사람과 사례들을 쫓음으로써 이를 탐구할 수 있다.

그가 자신의 주장을 뒷받침하기 위해 빌려온 생각들을 쫓아 보자. 춘추시대 초기 제(齊)나라 재상 관중(管仲), 주 무왕의 책사이자 훗날 제나라 제후가 된 태공망 여상, 전국시대 대표 법가(法家) 사상가이자 정치가들인 신불해(申不害)·신도(慎到)·상앙(商鞅) 등을 발견하게 된다.

그의 이념적 배경은 쉽게 찾아진다. 〈한비자〉에 비중 있게 다루어진 '해로'(解老)와 '유로'(喩老)편은 노자 강의록 성격이다. 이 글들이 아니더라도 그가 일관되게 주장하는 무위(無爲)와 허정(虛靜)은 도가의 사상이다. 그는 도가 사상에 기원을 둔 정치칼럼니스트라고 할 수 있다. 그리고 관중, 태공망 등 그의 생각을 뒷받침하는 선진들의 공통점도 무위(無爲)와 도(道)의 사상, 즉 도가(道家)적 관념을 토대로 한다.

한비자의 사상적 배경은 '황로학'(黃老學)

〈한비자〉 읽기를 좀 진지하게 하다 보면 관중의 사상을 다룬 〈관자(管子)〉, 태공망의 〈육도(六韜)〉와 〈삼략(三略)〉 등을 두루 섭렵하게 되고, 결국은 노자(老子)로 돌아가게 된다. 또 노자가 뻗친 가지를 따라 가다보면 〈손자병법(孫子兵法)〉〈울료자(尉繚子)〉 등의 병서(兵書)로 확장하지 않을 수 없게 된다. 결국 중심은 '노자'다.

〈사기(史記)〉에 '노자한비열전'으로 노자와 한비자, 도가와 법가를 한 묶음으로 다루고 있다는 걸 몰라도 한비자를 공부하다 보면 결국은 도가에 이르게 된다는 말이다. 이렇게 법가-병가-도가를 한 바퀴 돌고나면, 노자를 시조로 하는 도가의 사상을 토대로 한 전국시대의 특정한 사조가 있었음을 짐작하게 된다.

무위와 허정, 천도(天道)를 지향하는 노자와 법(法)과 정치(政治)라는 인위(人爲)가 결합하는 데에는 뭔가 다른 연결고리 혹은 장치가 필요하다는 생각에서다. 더구나 노자 이전의 인물들인 태공망과 관중의 사상이 도가적 사상과 연결되는 점에서 노자 이전의 '무엇'에 대한 궁금증이 일어날 수밖에 없다.

그 단서는 '노자한비열전'에 있다. "신불해(신자)의 학문은 황로를 근본으로 하지만 형명을 주된 것으로 삼았다." "한비는 형명법술의 학문을 좋아하였지만, 그 근본은 황로로 돌아간다."는 대목이다.

황로학(黃老學)이다. 나는 황로학에 이르기까지 참 많은 세월이 걸렸다. 실제로 중국에서도 황로학에 대한 본격적인 연구가 시작된 게 1980년대 마왕퇴 유적을 발굴하면서부터이니 내가 헤맨 것이 내 탓만은 아니다.

황로학을 알게 되면서 고대 중국사상에서 내게 수수께끼 같았던 많은 부분들이 해소되었다. 중국 고대사의 변곡점을 지날 때면 나타나는 도교를 둘러싼 혼란. 진시황(秦始皇), 태공망, 한나라 개국 황제인 유방(劉邦)의 최고 참모였던 유후(留侯) 장량(張良) 등 중국 최고의 엘리트들이 인생 말년엔 신선(神仙)의 양생술에 몰입할 정도로 파괴력 있었던 '신선 사상' 등은 이전에 내겐 수수께끼였다. 도교와 신선 사상도 역시 황로학에 뿌리를 둔 것이다.

황로학, 황제와 노자의 결합

"중국 역사에서 도가가 정치에 참여한 것은 황로학에서 시작되었다."는 것이 중국인 학자 유위화(劉蔚華)[1]의 설명이다.

황로학은 중국 화하(華夏)민족의 시조인 황제(黃帝)와 노자 도가가 결합한 사조로 전국시대 중·후기 노예제 사회를 봉건시대로 진화시키는 변혁을 이끈 중심사상이었다. 전국시대 중기 변법을 통한 개혁을 단행해 나라를 부국강병으로 이끈 법가 정치가들인 이회(李悝), 신불해, 신도, 상앙 등의 사상적 배경은 황로학이었으며, 법가를 집대성한 한비자도 황로학 계열의 학자였다.

또한 한(漢)나라 초기에는 국가종교라 불릴 만큼 전성기를 구가했고, 전한시대의 회남왕(淮南王) 유안(劉安)은 황로의 세계를 집대성한 〈회남자〉(淮南子)를 편찬하기도 했다.

황로학은 여러 갈래로 영향을 미쳤다. 도(道)에서 통치비결을 찾는 치국(治國)론은 도법가(道法家) 성향의 도가정치학으로 발전했고, 개인의 몸을 다스리는 양생의 원리를 찾는 치신(治身)의 사상은 단약을 개발하거나 의술을 발전시켰으며, 도교를 흥성하게 했고, 수양을 통해 신선이 될 수 있다는 신선 사상으로 발전했다.

이 책은 황로학을 탐구하는 게 목적이 아니므로 자세히 다루지는 않을 생각이다. 최근엔 황로학의 고전 원전인 〈회남자〉뿐 아니라 황로학을 다루는 해설서들도 많이 나와 있는 터라 마음만 있으면 황로학에 다가가기는 쉽다.

다만, 도대체 왜 황제일까에 대한 생각은 좀 더 하고 싶다. 황제 헌원씨

[1] 『중국 황로학』(2018), 정원명 지음, 최대우·이경환 옮김, BOOK, p.9

(軒轅氏)는 고대 중국의 부족장으로 삼황오제(三皇五帝)의 필두가 되는 사람이긴 한데, 전설의 임금으로 치부된다. 그러나 그의 존재감은 다른 현실의 어떤 왕들보다도 컸다.

그는 '부족연맹장'으로 보인다. 내가 기억하는 가장 인상적인 대목은 신농씨 염제와 연합하여 치우와 전쟁을 벌여 아홉 번을 싸워 아홉 번을 졌지만 모략(謀略)으로 승리한 중국 '모략의 시조'라는 점이다. 또한 나중엔 염제와도 싸워서 이긴다. 당시 전쟁의 묘사를 보면 '피가 강을 이뤄 흘러가는데 절굿공이가 둥둥 떠다녔다'고 할 정도의 참혹한 전쟁을 벌인 인물이기도 하다.

거기에다 황제는 문명과 발명의 시조이기도 했다. 양잠과 비단을 발명했고, 창·방패·수레 같은 전쟁 무기와 일상 생활용품부터 60갑자와 팔괘 등의 문명을 일으켰다. 한의학을 총정리한 의서 제목도 〈황제내경〉이다.

중국 병법서들이 지향하는 최고의 싸움방법은 '싸우지 않고 이기는 것'이다. 즉 모략이 최고의 전쟁 무기였던 셈이다. 중국은 '모략의 나라'다. 전국 7웅으로 재편된 전국시대 말기, 국제관계의 기본 틀을 형성한 건 '합종연횡'(合從連衡)이라는 거대한 모략이었다. 바로 그 근원이 황제에게 가서 닿는다.

한편으로 황제를 묘사하는 대목을 보면, 그는 아주 이상적인 군주였다.

"황제가 다스리던 시대에는 짐승의 새끼를 잡지 못하게 했고, 새알은 먹지 말라고 했으며, 관리는 종을 부리지 못하게 했고, 죽으면 두 겹의 관을 쓰지 못하게 했다." (상군서)

"황제가 천하를 다스릴 때는 백성이 당기지 않아도 오고 밀지 않아도

가며, 시키지 않아도 일을 이루고 금지하지 않아도 그만뒀다. 황제가 다스릴 때는 법을 설치하고 바꾸지 않아서 백성이 그 법에 편안히 적응하게 됐다."(관자 임법)

또 〈회남자〉에는 이런 대목도 나온다.

"사람들은 대개 옛것을 존중하고 현재의 것을 천시하므로 도를 실천한다고 하는 사람들은 반드시 신농이나 황제에 의탁한 이후 말을 시작한다."

차갑기 그지없는 노자의 세상이치에 대한 직시와 그 대답으로 추구하는 '천도'는, 뜨겁고도 차가운 모략과 문명의 시조인 황제와 만남으로써 현실 정치를 타개하는 '도가정치학'으로 완성될 수 있었던 것이다. 천도(天道)를 인도(人道)와 인간사회질서의 근거로 삼아 나라와 백성을 다스리는 원리를 만들고, 사람들도 천도를 본받은 인륜과 처세술에 따르면서 질서가 잡힌다는 것이다.

4. 현대인을 위한 제왕학의 메시지

고대 제왕학은 도가정치학을 대표하는 법가 사상이 큰 영역을 차지한다. 또한 노자 도가 이전에 제왕을 가르친 기록들인 〈관자〉와 〈육도〉〈삼략〉 등에도 제왕이 어떻게 행동해야 하는지, 제왕의 치국과 처세술은 어때야 하는지를 '도'의 관점에서 피력한다.

내가 이 책에서 고대 제왕학 교과서로 삼은 것은 태공망의 〈육도〉와 〈삼략〉, 관중의 〈관자〉, 〈한비자〉 등 무위를 추구하는 정치학 책들과 〈회남자〉와 노자의 〈도덕경〉이다. 한데 제왕학의 관점에서 보면 이 교과서들의 거의 모든 내용은 〈한비자〉에 집대성돼 있다. 〈회남자〉에 정리된 부분도 실은 한비자를 벗어나지 못한다.

또 〈한비자〉를 읽다보면 어디선가 본 듯한 내용이 많다. 〈관자〉〈육도〉〈노자〉 등 도처에서 필요한 부분은 다 뽑아다 놓았다고 보면 된다. 그래서 〈한비자〉를 집대성했다고 하는 것이다. 그러므로 결국 이 책은 〈한비자〉가 중심이 될 것이다. 한편 황로학의 더 큰 분야들이라 할 수 있는 치신 양생의 문제나 도가 종교, 신선 사상 등은 재미는 있지만 우리의 관심 영역은 아니므로 다루지 않는다.

제왕학에 들어가기 전에 우리가 기억해야 할 게 있다.
한 시대를 풍미한 사조는 그 시대만의 특수한 사정을 반영하고 있다는 점이다. 황로학이 번성하던 전국시대는 전제적 권력을 더욱 강화하는 쪽으로 달려갔고, 반드시 그래야만 하는 절실한 이유가 있었다.

지금은 봉건주의가 구태의 사조이지만, 당시 노예제 사회에서 봉건주의로의 이행은 거대한 '혁신'이며 '진보'였다. 당대의 현자들은 왕이면 왕답게 대부와 귀족들에게 휘둘리지 말고, 모든 것을 장악하고 대일통(大一統)을 추구해 춘추전국시대의 혼란을 끝내라고 주장했다. 그것이 혼란스러웠던 그 시대의 문제를 해결할 수 있는 유일한 방법이었다.

하지만 당시의 사정은 지금 우리의 사정과 다르다. 우리는 전제적 권력을 해체하고, 일체의 권위주의를 거부하는 시대에 살고 있다. 국가의 주인은 왕이 아니라 국민이다. 국민은 다스림의 대상이 아니라 과거 군주와 같은 입장에서 나랏일을 돌볼 정치인들을 뽑아서 위임하는 존재다. 이 말은 이젠 국민 스스로 과거 제왕의 용인술(用人術)이나 관리를 고르는 안목을 가져야 한다는 걸 의미한다.

천재적인 통찰과 안목을 가진 〈한비자〉는 전국시대 말기의 역사적 배경을 이해하는 그 시대의 눈으로 보면, 그 싸늘한 내용 밑으로 흐르는 그의 고충과 순수한 정신이 읽히면서 감동을 느끼게 된다. 그러나 현대인의 독서에선 버려야 할 내용이 많다.

또 〈한비자〉의 상당 부분을 차지하는 그의 '법술'의 이로움에 대한 피력, 신상필벌에 대한 강조 중에는 현대 사회에 이르러선 실용화되고 있거나 이미 해소된 것들도 있다. 그리고 그가 주장하는 내용을 다 실행해 봤지만 결국은 법술만으론 안 된다는 인간 사회의 '실존'을 확인하는 건 일면 서글픔으로 다가오기도 한다. 그러므로 뛰어난 글들이긴 하나 굳이 살펴보지 않아도 되는 부분이 많다.

그렇게 버려야 할 것들을 걸러내고 나면, '나라의 최고 지도자는 근본적으로 어떤 일을 해야 하는가'라는 문제와 '정치적 인간에 대한 통찰과 안목'이 남는다.

대통령이 되려는 사람들, 정치인들은 제왕학의 메시지를 들어볼 필요가 있다고 본다. 이보다 더 중요한 건 일반 국민들의 이해다. 이 시대는 국민주권시대다. 즉, 국민이 나라의 주인이라는 말이다. 제왕학의 왕들도 적재적소에 사람만 잘 뽑아놓고, 무위(無爲) 즉 아무것도 하지 않으면서 책임만 추궁하는 사람들이다. 현재 국민들이 투표로 대통령을 뽑은 뒤, 국정을 다 맡겨놓고 잘잘못만 가리며 책임을 묻는 것과 같다. 제왕학적으로 얘기하자면 '국민제왕'이라고 할까.

따라서 현대를 사는 투표권을 가진 한 사람의 국민 입장에서 본다면, 제왕학은 우리가 뽑아야 할 대통령의 정체성에 대해 생각할 단서를 주고, 또 나랏일을 맡겨야 할 정치인들을 고르는 통찰력과 안목을 줄 수 있다는 말이다.

제왕학은 나라의 흥망성쇠를 결정하는 것은 오직 군주뿐임을 강조한다. 결국 이 시대의 군주는 둘이다. '국민'과 국가통치를 위임받은 '대통령'. 어떤 대통령을 뽑느냐에 따라, 대통령이 어떻게 처신하느냐에 따라 흥망성쇠가 갈린다.

이제부터 나는 고대 제왕학에서 여전히 '21세기의 지식'으로 남길 만한 부분을 풀어볼 생각이다. 과거의 축적된 지식에서 이 시대에 무기가 될 지혜를 뽑아내는 것이 이 시대 지식인들이 해야 할 일이다. 고대 제왕학은 그 통찰을 통해 이 시대 대통령의 처세에 관한 조언뿐 아니라 '국민제왕'의 눈으로 선거를 통해 뽑아야 할 나라의 선량과 권력을 위임할 정권을 고르는 안목을 키우는 교재로서 나름의 역할을 할 수 있다고 본다.

"한 사람의 치란은 당사자의 마음에 달려 있고, 일국의 존망은 군주의 처신에 달려 있다."

제나라 환공(桓公)을 패자(覇者)로 만들었던 재상 관중의 말이다. 2700여 년 전 사람의 말이지만 조직의 성패, 나라의 흥망은 결국 최고 지도자에 달려 있다는 이치는 지금도 여전히 통용된다.

현대의 대통령과 고대 제왕은 다르다. 재임 기간도 다르고, 존재 이유도 다르다. 그러나 둘 다 나라의 최고 통치자로서 일정 기간 국정 전반을 운영하고, 결정하는 자리라는 건 일치한다. 나랏일에서 한 시도 한눈을 팔아선 안 된다. 한눈을 파는 사이 뒤쳐지며 국제사회에서 고립됐던 역사를 우리는 잘 알고 있다.

고대 제왕의 처세술을 그대로 모방할 순 없지만, 현대 대통령의 처세와 관련하여 영감을 주는 부분도 많다는 점에서 심사숙고해볼 만하다.

이제 우리는 고대 제왕학에서 제시하는 제왕의 처신과 자질 중, 현대 대통령이나 각 집단의 최고 지도자가 참고할 만한 부분을 살펴보려고 한다. 또한 이는 우리가 선거로 대통령을 뽑을 때 참고자료로 활용할 수 있으며, 대통령을 꿈꾸는 사람들은 대통령의 처세에 대해 생각해볼 거리가 될 수 있을 것이다. 각자의 입장에서 각자의 눈으로 읽으면 된다.

2.

제왕학에서 배우는 군주의 처세

1. 좋은 형과 군주의 리더십은 다르다

〈관자〉의 첫 장 '목민'에선 좋은 리더십이란 자신이 맡고 있는 조직의 규모와 범위에 따라 모두 달라야 한다고 역설한다. 또한 세상에 좋은 인재가 넘쳐도 좋은 군주가 될 재목이 극히 부족하다는 점도 걱정한다. 〈관자, 목민〉

집안의 법도로 마을을 다스리고자 하면 마을은 다스려지지 않고, 마을의 법도로 지역을 다스리고자 하면 지역은 다스려지지 않는다. 지역의 법도로 국가를 다스리고자 하면 다스려지지 않는다.

  마을을 다스리며 혈족이 아니라고 차별하면 다른 혈족이 따르지 않을 것이고, 지역 일을 보면서 동향이 아니라고 차별하면 다른 고향 사람들이 따르지 않을 것이며, 나랏일을 보면서 같은 지역이 아니라고 차별하면 다른 지역 사람들이 따르지 않기 때문이다.

  사사로움과 편애가 없는 공평무사함, 만민을 평등하게 대하는 태도를 가져야 하는데, 오직 군자만이 그런 절도를 보일 수 있다.

명심해야 할 일이 있다.
① 나라 안에 나랏일을 도울 인재가 없는 게 아니라 그들을 쓸 만한 명군이 없는 것이 걱정이며, 재원이 부족한 게 아니라 재물을 공평히 나눌 인재가 없는 게 걱정이라는 것이다.
② 우두머리가 될 만한 자질이 있는 사람은 때를 알고, 사사로움이 없고,

시기를 깊이 헤아리며, 재원의 용처와 용도를 명확히 파악하고, 인사권을 제대로 행할 수 있는 자여야 한다.
③ 군주는 일처리가 늦으면 형세의 파악에 둔하고, 재물에 인색하면 주변에서 좋은 사람들이 떠나며, 소인배를 신임하면 현명한 사람들의 지지를 잃는다.

2. 무위(無爲) -만기친람에 대한 경고

고대 제왕학에서 군주가 해야 할 일의 시작과 끝은 바로 '무위'다. 이 말은 직역하면 '아무것도 하지 않는다.'는 말이다. 하지만 제왕학에서의 '무위'는 군주가 자신을 드러내지 않음으로써 신하들이 스스로 일하도록 만드는 심리적 기술을 의미한다.

어쩌다보니 현대로 오면서 대통령이 A부터 Z까지 챙기는 '만기친람'을 앞세우는 경향이 많았다. 매일 TV뉴스에 얼굴을 비춰야 하니 만기친람을 하는 척이라도 해야 했다. 세간에는 만기친람이 대통령이 해야 할 일, 혹은 잘 하는 일이라는 오해도 있다. 그런 한편에서 우리는 만기친람형 대통령들이 얼마나 많은 문제를 일으켰는지도 보았다.

제왕학은 '만기친람'이야말로 군주가 금해야 할 것으로 꼽는다. 좋은 군주는 그 일을 가장 잘 할 수 있는 사람에게 일을 시켜서 그들이 성공하도록 하는 것이며, 이는 군주가 무위를 할 때에 성사된다는 점도 설명하고 있다. 그러면서 군주가 '무위'를 하기 위해 반드시 알고 실행해야 할 '인위'(人爲)를 빼곡하게 기록하고 있다.

통치자가 무위의 자세를 견지하면 세상 사람들이 저절로 변화될 것이다.
〈노자 37장〉

군주의 통치 비결은 무위를 일로 삼고, 불언의 영을 행하는 데 있다.
마음은 청정하게 하여 동요하지 않으며, 법도를 일정하게 움직여 만사를 신하에게 맡기고, 자신은 그 성패의 책임을 물을 뿐 스스로 힘쓰는 일이 없도록 해야 한다.

윗사람이 머리를 굴리기(智巧) 시작하면, 아랫사람들은 윗사람의 눈을 가리고 속임수를 쓰려는(詐僞) 생각이 자라나고, 윗사람이 일을 많이 하면 아랫사람들에게선 그럴싸하게 자신을 꾸미는 행동이 늘어나며, 윗사람이 혼란에 빠지면 아랫사람들은 유혹을 느끼게 되고, 윗사람이 물욕을 추구하게 되면 아랫사람들은 서로 다툰다. 근본을 바로잡지 않고, 지엽적인 문제에만 뜻을 두는 것은, 비유하자면 산더미 같은 먼지를 없애겠다며 먼지를 두드리는 것과 같다. 〈회남자, 주술훈〉

군주는 자신의 권력을 드러내려고 하지 말고, 마치 아무것도 하지 않는 듯 (無爲) 두어야 한다. 일은 사방의 신하들에게 맡기고, 요체만 중앙에서 지키면 된다. 성인은 요체만 장악하고 있으면 사방에서 신하들이 와서 성과를 알린다. 마음을 비우고 기다리면 상대가 스스로 힘껏 발휘한다. 신하들을 사해에 알맞게 앉혀두면 어두운 곳에서 밝은 곳이 잘 보이듯이 실정을 알 수 있다. 〈한비자, 양권〉

군주는 스스로 일하는 게 아니라 일이 잘 되는지 아닌지만 분간해야 한다. 계책을 스스로 짜내지 않아도 복과 재앙의 조짐은 알아채야 한다. 그러므로 군주가 말을 많이 하지 않아도 신하가 그 의도를 알아채 자신의 견해를 말할 수 있으면 약속을 하지 않아도 일은 잘 진척된다.

군주는 자신이 원하는 것을 드러내지 말아야 한다. 군주가 자신의 욕망을 표현하면 신하는 스스로 잘 보이려고 꾸밀 것이다. 군주는 자기 생각을 표현하지 말아야 한다. 자기 생각을 말하는 순간 신하들은 자신의 의견을 감추게 된다.

좋고 싫다는 호오(好惡)를 드러내지 않으면 신하의 속마음이 드러날 것이며, 지혜와 재주를 드러내지 않으면 신하들이 스스로 대비책을 마련할 것이다. 따라서 지혜가 있더라도 스스로 머리를 굴려 짜내려 하지 않고, 모든 사람들이 스스로 처신할 바를 깨우치도록 해야 한다. 현명함이 있어도 스스로 행하지 말고, 신하가 일하는 근거를 관찰하며, 용기가 있어도 화내지 않고 여러 신하들로 하여금 무용을 힘껏 발휘하도록 해야 한다.

명군의 도는, 잘 하는 자에게 잘하는 일을 하도록 시키는 데에 있다. 지혜가 많은 사람(智者)에게 진력을 다해 생각하게 하여 이를 근거로 일을 결단하기 때문에 지혜가 궁하지 않고, 현자에게 쓰임을 제시하도록 해 이를 근거로 일을 맡기므로 능력이 다할 날이 없다.

왕이 해야 할 일은 의견을 내놓은 자가 스스로 명분을 세우게 하고, 일 역시 스스로 모습을 갖추어 나가게 하고, 다만 실적과 명목이 일치하는지 대조해보기(형명참동, 刑名參同)만 하면 된다. 〈한비자, 주도〉

군주가 뭔가 좋아하면 일이 많아지고, 미워하면 원한을 산다. 그러므로 좋아함과 싫어함을 버려야 한다. 마음을 비워야 도가 깃들 것이다. 왕이 신하와 사리사욕을 공유하지 않으면 백성이 존중할 것이다. 군주는 의론에 개입하지 않고, 관리들에게 모두 맡겨서 시켜야 한다.

〈한비자, 양권〉

군주는 한스러워도 노여워해선 안 되고, 노여워도 비난하는 말을 입 밖으로 내선 안 되고, 계책이 있더라도 남과 상의해선 안 된다.

〈관자, 주합〉

군주가 되어 백관의 일을 직접 살핀다면 하루가 부족하고 힘도 달린다. 윗사람이 눈으로 확인하려 들면 신하는 그럴싸하게 꾸민다. 윗사람이 들으려고 하면 듣기 좋은 소리로 포장할 것이며, 윗사람이 판단하려 들면 신하는 민첩하게 언변을 늘어놓을 것이다.

그러니 직접 보고 듣고 판단하는 게 아니라 법에 기인하여 상벌을 심사한다. 법은 간략해도 침범하는 자가 없고, 홀로 사해를 지배할 수 있다. 총명하고 똘똘한 사람도 속임수를 쓸 수 없고, 영리한 자도 꾸며댄 말이 통용되지 않으며, 간사한 자들은 의지할 데가 없도록, 법에 의지해야 한다.

〈한비자, 유도〉

3. 측근을 사랑하는 군주는 위험에 빠진다

탁월한 군주가 나라를 망치는 이유는 대략 측근을 믿는 데서 비롯된다. 우리나라에서도 측근과 비선들 때문에 위험해졌던 대통령들이 줄줄이 있다. 제왕학에선 그 이유를 자세히 설명한다. 신하를 믿고 맡기면 그런 신하들은 자기 세력을 구축해 나라 안 인재들의 씨를 말리고, 스스로 붕당을 만들어 재앙을 초래하기 때문이라는 것이다.

왕과 신하는 서로 감정적으로 교류하거나 진심으로 소통하는 사이가 아니며, 신하가 왕을 사랑하는 척하는 것은 왕이 자신의 주된 이익의 원천, 수입원이기 때문이다. 말하자면 왕의 측근들이 왕을 위해 일하는 것은 자기 이익을 누리기 위한 것이다.

한비자는 "군주는 어질고 지혜로운 신하라도 개인적으로 가까이 하지 말고, 모든 일에 뛰어나도 친근하게 대하지 말아야 한다."고 강조한다.

"군신 간에는 혈육 같은 친밀함이 없다. 정직한 방법으로 자신이 안전해진다면 신하들은 힘껏 군주를 위해 일할 것이고, 정직한 방법으로는 안전함을 얻을 수 없다면 신하는 사익을 위한 방패를 마련할 것이다."
〈한비자, 간겁시신〉

군주의 재앙은 사람을 믿는 데서 시작된다. 사람을 믿으면, 그의 영향을 받게 된다. 신하와 군주 간엔 골육 간의 친밀함이 아니라 그의 권력에 얽혀들어 부득불 섬기게 되는 것이다. 그러므로 신하된 자들은 군주의 마음을 살피느라 쉴 틈이 없다. 한데 군주는 게으르고 교만하게 그 윗자리에 앉아 있을 뿐이다.

이것이 백성들을 절망케 한다. 호소할 곳도 없다. 세도를 부리는 대신들은 뒤로 작당하며 군주의 눈을 가리고 한통속이 되어 속으로는 서로 도우면서 겉으로는 사이가 나쁜 척하고, 보이는 데에선 사심이 없는 척하면서 서로 눈이 되고 귀가 되어 군주의 틈을 엿본다. 군주는 장막에 가려지면 들을 방도가 없다. 이름만 군주이고 실질은 없다. 그렇게 되면 신하들이 법을 마음대로 집행한다. 동주시대의 천자가 그랬다. 그 측근의 보좌 신하들이 권세를 빌려 상하의 위치가 뒤바뀌게 되는 것이다. 신하에게 권세를 빌려줘서는 안 된다. 〈한비자, 비내〉

비선이나 신하와 권력을 나눠 가지거나 자신의 권력을 위임하면, 이는 결국 자기 목에 칼을 겨누는 것과 같다. 이런 자들은 자신의 권한을 이용해 미워하는 자에게 죄를 주고, 좋아하는 자에게 상을 주는 등 무분별하게 활용한다. 그렇게 되니 온 나라 사람들은 군주를 깔보고 그 신하를 두려워하게 되는 것이다. 〈한비자, 이병〉

춘추시대 말기 제나라 실력자였던 전상(田常)은 군주에게 작위와 복록을 청해 다른 신하들에게 나눠 주고, 아래로는 곡식을 재는 되와 말의 크기를 키워 백성에게 시혜를 내렸다. 이렇게 전상이 덕을 행사하니 제의 왕인 간공(簡公)은 덕을 잃고 살해당하기에 이른 것이다.

자한(子罕, 전국시대 송나라의 역신 황희)은 송나라 군주에게 말하기를 "칭찬하고 상주는 일은 백성들이 좋아하니 왕께서 스스로 하시고, 사형을 내리고 형벌을 주는 것은 백성들이 싫어하는 일이니 제게 맡기십시오."라고 하였다. 그러자 송나라 왕(宋君)은 형벌권을 자한에게 넘겨주었기 때문에 나중에 겁박을 당한 것이다.

전상이 단지 덕을 베푼 것만으로도 간공은 살해당했고, 자한은 형벌권만 행사할 수 있었으나 송군은 협박당했다.

신하의 말을 들을 때는 마치 술에 만취한 듯 모호한 태도를 취하며, '입술아, 내 이들아 먼저 움직이지 말라'고 단속해 놓아야 한다. 입은 꾹 다물고 마치 혼이 나간 듯 어리석은 척하고 있으면 상대가 먼저 입을 열게 되며 나는 그것을 통해 알게 된다. 시비를 논하는 의견들이 난폭하게 쏟아져도 군주는 거기에 얽혀 돌아갈 필요가 없다. 그저 마음을 비우고 조용하게 가만히 있는 것이 바람직하다.

'하늘과 땅'을 조화롭다 한다. 하늘과 땅과 같으면 누구는 멀고 누구는 가깝다 할 것인가. 천지자연의 형상을 닮아야 성인이라 한다. 내부를 잘 다스리고 싶으면 담당자를 두되 친근하게 굴지 말아야 한다. 밖을 잘 다스리려면 관청에 전임자를 한 사람씩 두어 지키면서 관리가 마음대로 하지 못하게 한다면 누가 쉽게 직분을 남용하거나 월권을 하겠는가.

〈한비자, 양권〉

4. 명분을 세우고, 잔머리를 굴리지 말라

한비자는 '권모술수'의 대가처럼 알려져 있지만, 실제로 그는 술수와 음모를 가장 경계한다. 왜 그는 권모술수의 대가로 알려졌으며, 〈한비자〉로 대표되는 제왕학은 권모술수의 교과서로 읽힐까.

〈한비자〉에는 당대에 세상이 권하는 얕은 술수와 이런 술수로 성공한 사례들이 적나라하게 기록되어 있어서가 아닐까 생각한다. '못된 지식'을 추구하는 자들이 한비자가 경계하여 적어놓은 사례들에서 배움을 취했고, 한비자의 전제군주적 통치를 위한 통어술을 굳이 이 시대로 끌어내려고 하면서 한비자에 대한 오해가 시작된 것으로 나는 본다.

「양권(揚權)」편에선 군주가 음모와 술수에 의지하지 않고, 오직 법과 명분만 잘 잡고 있는 것만으로도 음험한 속내를 가진 신하들을 견제하며 자신의 권세를 지킬 수 있음을 피력한다. 그 내용을 살펴보자.

> 하늘엔 섭리(大命)가 있듯 사람에게도 도리가 있다.
> 군주가 활용할 한 개의 도(道)가 있다면, 명분이 으뜸이다. 명분이 바로 서면 사물은 안정되고, 명분이 기울면 사물의 질서는 흔들린다. 신하들이 스스로 명분을 밝히고 그 일을 처리하도록 시킨다.
> 성인의 도라 함은 꾀(智)와 기교를 버리는 것. 즉 잔머리를 굴리지 않는 것이다. 이를 버리지 않으면 지속가능하지 않다. 백성이 잔머리를 굴리면 제 몸에 많은 재앙이 닥치고, 군주가 그것을 쓰면 나라가 망할 것이다.

군신의 도는 다르다. 신하는 명분을 앞세워 벼슬을 구하고 왕은 그 명분을 조율하며, 신하는 일의 성과를 내고 군주는 그 공적과 명분에 맞춰 상벌을 시행하면 조화로워진다.

그러므로 하늘의 도를 따르고, 사물의 원리에 반하지 않으며, 독려하고 관여하고 조사하는 일을, 끝나면 또 시작하듯이 계속 반복하는 수밖에 없다.

군주의 우환은 반드시 막료들과 함께 부화뇌동하는 데 있다. 특정한 신하들을 믿더라도 그들과 함께 가면 안 된다.

항간엔 이런 잔꾀를 설파하는 자들이 있다.

"신하를 부유하게 하지 말라. 군주와 겨루려고 할 것이다. 신하를 귀하게 만들면 맞먹으려 할 것이다. 한 사람만 믿지 말라. 도성과 나라를 잃게 된다. 종아리가 허벅지보다 굵으면 빨리 달릴 수 없다. 군주가 신의 권위를 잃으면 호랑이가 그 뒤를 따른다. 군주가 모르는 사이 호랑이는 개 같은 것들을 끌어 모을 것이고, 주상이 빨리 제지하지 못하면 개들은 끝없이 늘어날 것이다. 호랑이와 개들이 무리를 지으면 어미인 군주를 죽일 것이다."

그렇지만 군주에게 신하가 없으면 나라를 어찌 보존할 것인가. 그러니 군주가 법을 시행하고 이를 굳건하게 지키면, 큰 야심가 호랑이는 겁을 먹을 것이다. 죄를 철저히 다스리면 큰 호랑이는 스스로 온순해질 것이며, 법과 형이 믿음직하게 구현되면 호랑이도 인간이 되어 신하 본연의 상태로 돌아갈 것이다.

  나라를 다스리고 싶다면, 붕당을 쳐 없애야 한다. 붕당을 쳐내지 못하면 그들이 장차 더 많은 무리로 불어날 것이다.

  땅을 지키고 싶다면, 봉지(인센티브)를 잘 나눠줘야 한다. 인센티브가 부적절하면 돼먹지 않은 신하(亂臣)들이 더 많이 요구할 것이며, 이를 군주가 받아주면 적에게 도끼를 빌려주는 격이다. 도끼는 빌려주면 안 된다. 그들이 장차 나를 칠 때 사용할 것이다. 〈황제서〉에 이르기를 "군신 간엔 하루 백 번 싸움이 일어난다."고 했다. 신하는 사심을 숨기고 군주를 시험한다. 군주는 법도를 손에 쥐고 신하를 제재한다.

  그러므로 법도가 서는 것은 군주에게 보배로운 일이며, 도당을 만드는 것은 신하들에게 보배로운 일이다. 신하가 군주를 시해하지 못하는 것은 도당을 형성하지 못해서일 뿐이다. 그러므로 군주가 조금만 실수하면 신하는 갑절의 이득을 얻게 된다.

5. 군주의 경박함은 대가를 치른다

리더의 경박함이 치러야 하는 대가는 생각보다 크다. 선의로 한 일이거나 개인의 성향에서 비롯된 일이라 해도 때로는 악으로 변질되고, 심지어 나라를 망친다. 한비자는 「십과」에서 군주가 자칫하면 빠질 수 있는 잘못 열 가지를 나열했다. 여기서 우리 시대에는 맞지 않는 부분은 생략하고 지금도 생각해볼 만한 7가지만 나열해 본다.

1) 작은 충성은 큰 충성을 방해한다.
2) 작은 이익에 얽매이면 큰 이익을 손해 본다.
3) 행동이 편벽하고, 제멋대로이며, 무례하면 몸을 망친다.
4) 탐욕과 이익을 쫓으면 나라를 망친다.
5) 충신의 말을 흘려듣고 독단적으로 굴면 명성을 잃는다.
6) 내부의 역량을 헤아리지 않고 외국에 의지하면 영토가 깎인다.
7) 무례하거나 신하를 무시하면 나라를 이어나갈 수 없다.

1) 작은 충성은 큰 충성을 방해한다.

작은 충성(小忠)이란 무엇인가. 옛날 춘추시대 초(楚)나라 공왕(共王)이 진(晉)나라 여공(厲公)과 언릉(하남성 개봉 남쪽)땅에서 싸웠을 때의 일이다. 초군은 패하고, 공왕은 눈에 부상을 입었다. 싸움이 한창일 때, 초나라 장수 사마자반이 갈증을 느껴 물을 찾았다. 이때 그의 시중을 들던 곡양은 술을 따라 그에게 바쳤다. 자반은 "무엇이냐, 물려라, 술이 아닌가." 하였으나 곡양은 "술이 아닙니다."고 하자 자반은 그것을 받아 마셨다. 자반의 사람됨이 원래 술을 즐겨하여 그것을 입에 대자 끊어 내지 못해 취하고 말았다.

그날 전투가 끝나고 공왕은 다음날 전투를 위해 사람을 시켜 사마자반을 부르라고 했다. 자반은 가슴이 아프다며 돌려 보냈다. 공왕이 말을 타고 직접 가서 막사 안에 들어가 보니 술 냄새가 진동하여 돌아 나왔다. 왕이 한탄했다.

"오늘 전투에서 나는 부상했고, 이제 오직 사마를 의지하려 했는데 사마가 이처럼 취해 있으니 초나라의 사직과 내 백성들의 걱정을 완전히 잊은 게 아니겠는가. 나는 다시 싸울 기력이 없다."

그리고 군사를 철수하고 돌아가 사마자반의 목을 베어 내걸었다. 시중을 들던 곡양이 술을 올린 것은 자반의 원수여서도 아니고, 오히려 그를 충심으로 사랑했기 때문이지만, 이 때문에 그를 죽인 것이다. 그래서 작은 충성이 큰 충성을 해칠 수 있다고 하는 것이다.

2) 작은 이익에 얽매이면 큰 이익을 손해 본다.

작은 이익에 얽매인다는 것은 무엇인가. 춘추시대 진(晉)나라 헌공(獻公)이 우(虞, 하남성 평륙현에 있던 작은 나라)나라에서 길을 빌려 괵(虢, 하남성 섬현에 있던 작은 나라)을 치려고 했다(가도멸괵, 假道滅虢이라는 유명한 전술을 낳은 고사).

이때 진나라의 대부 순식이 왕에게 이렇게 진언했다.

"군주께서는 수극 지방에서 나온 벽(둥글고 납작한 옥)과 좋은 말이 나는 굴(屈)땅에서 난 수레용 말 한 승(乘,네 마리)을 우공에게 뇌물로 주십시오. 그러고 나서 길을 빌려달라고 하면 필시 우리에게 빌려줄 것입니다."

그러자 왕이 물었다. "그 벽은 우리 아버지께서 아끼셨던 것이고, 말들은 나의 준마들인데 만일 내 선물을 받고 길을 빌려주지 않으면 어쩔 것인가?"

이에 순식은 말했다. "상대가 길을 내주지 않으려면 우리 선물을 감히 받지 못할 것입니다. 만일 받고 길을 빌려준다면 보물은 집안 창고에 있던 것을 바깥 창고에 옮겨놓은 것에 불과하고, 말도 궁 안의 마구간에 있던 것을 바깥 마구간으로 옮겨놓은 것일 뿐입니다. 임금께선 염려 마십시오."

군주는 허락하고, 순식을 시켜 벽과 말을 우공에게 뇌물로 준 뒤 길을 빌려줄 것을 요청했다.

우공은 벽과 말을 보자 탐이 나 허락했다. 이때 우나라의 현명한 신하인 궁지기가 간언하며 말했다.

"허락하면 안 됩니다. 우와 괵은 서로 수레와 수레를 지탱하는 보(輔)와 같은 관계입니다. 보는 수레에 의지하고, 수레 역시 보에 의지합니다. 우와 괵의 정세가 바로 이러합니다. 만약 길을 빌려주면 괵나라는 아침에 망하고, 우나라는 저녁에 망할 것입니다. 절대 안 됩니다. 허락하지 마십시오."

우공은 듣지 않았다. 그리고 길을 열어 주었다. 순식이 괵나라를 정벌하고 돌아온 지 3년이 지나 병사를 일으켜 우나라를 정벌했다. 순식은 말과 벽을 들고 와 헌공에게 바쳤다. 헌공이 말했다.

"벽은 그대로인데, 말은 나이를 먹었구나."

우공의 군대는 깨지고, 땅은 빼앗겨 버린 이유는 무엇인가. 바로 작은 이익을 탐해 그 뒤의 손해를 생각하지 못했기 때문이다. 이런 걸 두고 '작은 이익에 묶이면 큰 이익을 잃는다.'고 하는 것이다.

3) 행동이 편벽하고, 제멋대로이며, 무례하면 몸을 망친다.

'편벽한 행동'이란 무엇인가. 춘추시대 초(楚)나라 영왕(靈王)이 신(申)땅에서 회합을 열었다. 이때 송(宋)나라 태자가 늦게 도착하자 그를 잡아서 가두었다. 또 서(徐)나라 군주에겐 경멸을 보내고, 제(齊)나라의 실권자인 대부 경봉(慶封)을 구속했다.

이에 중사의 일을 보는 관리가 말했다.

"제후 회합에서 무례하면 안 됩니다. 회합엔 존망이 달려 있습니다. 과거 하나라 걸왕이 유융의 땅에서 회합을 했을 때 유민이 배반했고, 상나라 주가 여구에서 제후들과 사냥을 할 때 융적이 배반했습니다. 무례했기 때문입니다. 군주께선 잘 생각하십시오."

그러나 영왕은 듣지 않고 자기 뜻대로 했다. 그 해가 끝나기도 전에 영왕이 남쪽으로 순행을 나갔는데 신하들이 그 틈을 이용해 그를 쫓아냈다. 영왕은 굶주리다 죽었다. 이게 바로 행동이 편벽하고, 무례하면 자기가 망한다는 말이다.

4) 탐욕과 이익을 쫓으면 나라를 망친다.

이것은 옛 진(晉)나라가 망하고, 여섯 귀족 가문이 싸워 조(趙)·한(韓)·위(魏) 세 나라로 갈라졌던 때의 이야기다.

당시 여섯 귀족 가문 중 최강자였던 지백(智伯)이 조(趙)·한(韓)·위(魏) 세 집안과 합해 범(范)씨와 중행(中行)씨를 멸망시켰다. 그는 돌아와 병사들을 몇 년간 쉬게 한 뒤 한 씨에게 땅을 요구했다. 한 씨 집안의 강자는 주고 싶지 않았다. 그러자 신하 단규는 말했다.

"땅을 주지 않을 수 없습니다. 지백이라는 위인은 이익을 좋아하고 오만방자합니다. 상대가 땅을 요구했는데 주지 않으면 군대를 한 씨 쪽으로 이동할 것입니다. 주군께선 그대로 하십시오. 그러면 그자는 재미를 붙여 앞으로 다른 나라에도 요구할 것입니다. 그들 중 듣지 않으려는 나라도 있을 것입니다. 그러면 지백은 반드시 그 나라에 무력을 쓸 것입니다. 그리만 되면 한은 재난을 피하고, 이후 사태의 변화를 기다릴 수 있습니다."

"좋다."

한 강자가 동의하고, 사람을 보내 만 호에 이르는 고을을 지백에게 바쳤다. 지백은 좋아라하며 또 위가에 사람을 보내 토지를 내놓으라고 했다. 위의 선자가 주지 않으려고 하자 신하인 조가가 간하였다.

"저자가 한에 땅을 내놓으라고 하자 한은 그것을 주었습니다. 이제는 위에 요구하고 있습니다. 그런데 우리가 주지 않으면 안으로 우리끼리 강하다고 여겨 밖으로 지백의 노여움을 사게 됩니다. 그러면 그는 군대를 위로 돌릴 것이 분명합니다. 주느니만 못합니다."

"그렇게 하도록 하자."

위선자도 일만 호에 달하는 고을을 지백에게 주었다.

지백이 조에 사람을 보내 채와 고랑 땅을 요구했다. 그러나 조의 양자는 주지 않았다. 지백은 한·위와 은밀히 맹약을 맺고 앞으로 조를 치자고 했다. 조 양자가 장맹담을 불러 말했다.

"지백이라는 위인은 밝은 곳에선 친한 척하고, 어두운 데로만 들어가면 거리를 두는 자요. 한과 위에는 세 번이나 사신을 보내고, 나한테는 보내지 않소. 그자가 나를 치는 건 확실하오. 이제 나는 어디에서 살아야 하는가."

장맹담이 말했다.

"동알우라고 주군의 부친이신 조간자 경의 재주 있는 신하가 있었습니다. 그가 진양을 잘 다스렸고, 그 뒤를 이은 윤탁 역시 잘 다스려 아직 그 땅에 교화가 남아있습니다. 군주께서는 진양을 근거지로 하십시오."

"좋소."

조 양자는 가신 연릉생을 시켜 군대를 이끌고 먼저 진양으로 가도록 하고, 그 뒤를 군주 일행이 따랐다. 조 양자가 진양에 도착해 성곽과 관아의 창고들을 순시했는데, 성곽은 허술하고 창고엔 비축된 식량이 없고, 관청의 금고엔 돈도 없고, 무기고엔 갑옷과 병기가 없으며, 거리엔 방어시설도 허술했다. 양자가 두려워하며 장맹담을 불렀다.

"내가 성곽과 다섯 관아를 돌아봤는데 준비가 안 되어 있소. 우리가 어찌 적에 대항할 수 있겠소."

이에 장맹담이 말했다.

"신이 알기론 옛 성인들은 정사를 봄에 있어 민간에 비축을 하고, 관아의 곳간에 쌓아두지 않습니다. 또 교화에 힘을 쓰지만 성곽 수리는 하지 않는다고 했습니다. 군주는 명을 내리시어 백성들에게 3년간 먹을 식량만 남기고 남는 것이 있으면 관아로 가져오고, 3년간 쓸 돈만 남기고 남는 돈은 부고로 들이도록 하며, 남는 인력은 성곽을 수리하라 하십시오."

이에 양자는 저녁 무렵에 명을 내렸다. 그러자 이튿날 곳간엔 곡식을 더 들여놓을 데가 없을 정도가 됐고, 부고에 돈도 더 쌓아놓을 수 없을 정도였다. 무기고도 병장기로 넘쳤고, 닷새 만에 성곽 수리와 거리 방비 시설 보수가 끝났다.

양자가 다시 장맹담을 불러서 물었다.

"준비는 다 끝났으나 우리한테 화살이 없으니 어찌하면 좋겠소?"

"과거 동알우가 진양을 다스릴 때 공공건물들의 담은 모두 갈대와 쑥대, 싸리나무 등으로 만들어 그 높이가 열 자에 이른다고 들었습니다. 이 나무들을 베어 사용해 보십시오."

양자가 그 나무들을 베어 시험해보니 단단하기가 대나무에 못지않았다. 양자는 다시 말했다.

"화살대는 충분하나 활촉을 만들 동이 없으니 어찌하면 좋겠소?"

"예전 동알우는 관의 공공건물이나 관사 기둥의 기초를 모두 정련된 동으로 만들었다고 들었습니다. 군주께서는 그것을 캐내어 써보십시오."

양자는 그 동으로 화살촉을 충분히 만들었다. 전쟁의 호령이 내려지고, 방어태세도 구석구석 다 갖춰졌다. 과연 세 나라 동맹군이 쳐들어 왔다. 동맹군은 진양의 성벽을 공격했지만 석 달이 지나도록 함락시키지 못했다. 그러자 군대로 성을 포위한 채 진양천의 강둑을 끊어 성 안으로 물을 흘려보냈다.

그렇게 3년이 흘렀다. 성 안 백성들은 새둥지처럼 높이 집을 짓고, 솥을 매달아 밥을 지었다. 돈과 식량이 바닥났고, 병사와 관리들도 지쳤다.

조양자가 장맹담에게 말했다.

"식량과 재력도 다했고, 사대부도 지쳐 병들었고, 나도 지킬 수 없을까 봐 두렵소. 항복하고 싶은데 어느 나라에 항복하는 게 좋겠소?"

장맹담은 말했다.

"망하는 것을 보존하지 못하고, 위험한 것을 안전하게 하지 못한다면 지혜라는 게 왜 필요하겠습니까. 주군의 생각은 잘못된 것입니다. 제가 은밀히 빠져나가 한과 위의 군주를 뵙겠습니다."

그러고서 장맹담은 한·위의 군주를 만나 말했다.

"저는 입술이 없으면 이가 시리다는 '순망치한'(脣亡齒寒)에 대해 들은 적이 있습니다. 지금 지백은 두 군주를 끌고 와 조를 쳤습니다. 조는 곧 망할 지경입니다. 하지만 조가 망하면 두 군주는 그 다음 차례입니다."

두 군주는 말했다.

"나도 그러리라 알고 있소. 그렇다하더라도 지백이란 위인은 거칠고 막돼먹은 데다 인정이라곤 없소. 우리가 일을 도모했다 발각되면 그 화가 반드시 미칠 것인데 어찌하면 좋소?"

장맹담이 말했다.

"이 모의는 두 군주의 입에서 나와 제 귀로 들어갔을 뿐, 다른 자들은 알지 못합니다."

두 군주는 장맹담과 한·위·조 세 나라 군대가 돌아서기로 약조했다. 그리고 기일을 정하고 한밤중에 다시 진양성으로 들어가 두 군주와의 반역 약속을 양자에게 보고했다. 양자는 크게 기뻐 장맹담에게 두 번 절하며 공포와 기쁨이 교차하였다.

한 강자와 위 선자, 두 군주는 장맹담과 밀약한 후 지백을 보러 갔다가 지백의 친척인 대부 지과를 원문 밖에서 만났다. 지과는 그들의 안색을 이상하게 여기고, 안으로 들어가 지백을 만나 말했다.

"두 군주의 얼굴을 보니 장차 변심할 듯합니다."

"어찌하여?" 지백이 묻자 지과는 대답했다.

"행동이 들떠 있어 평상시와 같지 않습니다. 주군께서 먼저 손쓰는 게 좋을 듯합니다."

이에 지백은 고개를 저으며 말했다.

"나는 두 군주와 굳게 약속했다. 조를 깨부수면 그 땅을 셋으로 나누기로 했다. 과인이 그들을 친히 여기고 있는데 나를 속이지 않을 것이다. 병사들이 진양을 포위한 지 3년이다. 조만간 성이 함락되면 그 이익을 나눌 것인데 어찌 다른 마음이 들겠는가. 절대 그럴 리 없다. 그대는 걱정 말고 입 밖으로 그 말을 내지 말라."

이튿날 두 군주는 조회를 하고 나오다 다시 지과를 원문에서 만났다. 지과는 들어가 지백에게 말했다.

"주군께서 어제 했던 제 말을 두 군주에게 말했습니까?"

"어찌 알았는가?"

"오늘 두 군주가 조회하고 나갈 때 저를 보더니 안색이 변하고 문득 자기 신하에게 눈을 돌렸습니다. 반드시 변심한 것이니 그들을 죽이는 것이 낫습니다."

"그대는 다시 말하지 말라 했다."

"그렇지 않습니다. 반드시 죽이십시오. 만약 죽여 제거하지 못한다면 더 가까이 하십시오."

"어떻게 더 가까이 하라는 말인가?"

"위선자의 책사는 조과이고, 한강자의 책사는 단규입니다. 이들은 모두 자기 군주들의 계략을 바꿀 수 있습니다. 주군께서 두 군주와 약속하시기를 조나라를 쳐부수면 그 두 사람에게 각 일만 호의 고을을 봉하겠다고 하십시오. 그렇게 하면 두 군주의 마음을 묶어둘 수 있을 것입니다."

"조의 땅을 깨면 셋으로 나눠야 하는데, 또 두 사람한테 만 가구를 봉한다면 나는 얻는 것이 너무 없다. 안 된다."

지과는 자기 말을 듣지 않는 것을 보고 도망쳐 나와 성을 보(輔)씨로 바꾸었다. 한편 정한 기일의 밤이 되자 조 씨가 제방을 지키던 자를 죽이고, 강물을 지백의 군대 쪽으로 돌렸다. 지백의 군사들은 물난리를 막아보려고 하는데 한과 위가 양쪽에서 협공을 해왔다. 양자는 전면에서 덮쳐 지백 군대를 크게 무너뜨리고, 지백을 생포했다. 지백은 스스로 목숨을 끊고, 군대는 깨어지고, 나라는 셋으로 쪼개어져 세상의 웃음거리가 되었다. 이것이 바로 탐욕스럽고 괴팍하고 이익을 탐하는 것이야말로 나라를 망치고 목숨을 잃는 근원이라고 말하는 것이다.

5) 충신의 말을 흘려듣고 독단적으로 굴면 명성을 잃는다.

잘못을 저지르고 충신의 말에 귀 기울이지 않는다는 말은 무엇인가. 옛날 제나라 환공은 제후들을 모으는 회맹을 아홉 차례나 열어 천하를 바로 잡고, 오패의 수장이 되었는데, 이때 관중(제나라 재상, 환공은 그를 중부(仲父, 작은 아버지)라고 불렀다)이 그를 보좌했다. 관중이 늙어서 일을 볼 수 없게 되어 집안에 머물며 휴식을 취했다. 환공이 가서 그에게 물었다.

"중부께서 병으로 집에만 계시는데, 만일 불행하게도 병에서 못 일어나시면 장차 정사를 누구에게 맡기면 되겠습니까?"

이에 관중은 말했다.

"저는 늙었으니 물어보실 것이 없습니다. 그렇더라도 제 생각에 신하를 아는 것은 군주만한 사람이 없고, 자식을 아는 것은 아버지만한 사람이 없다고 하였으니 주군께서 먼저 시험 삼아 마음에 떠오르는 사람을 정해 보십시오."

그러자 환공이 물었다.

"포숙아는 어떻겠습니까?"

"안 됩니다. 포숙아는 강하고 강퍅하며 모진 데가 있습니다. 강직하면 백성들에게 거칠게 대하고, 강퍅하면 민심을 얻을 수 없습니다. 아랫사람에게 모질게 대하면 그들을 쓸 수 없습니다. 그 마음에 두려움이 없으니 패자를 보좌하는 신하로 맞지 않습니다."

"환관 조(수조)는 어떻소?"

"안 됩니다. 인간의 본성은 자신을 아끼게 되어 있습니다. 그런데 왕이 여인들을 좋아하자 수조는 스스로 거세하고 내궁으로 들어갔습니다. 자기 몸도 사랑하지 않는데 왕을 어찌 사랑할 수 있겠습니까?"

"위(衛)나라의 공자 개방은 어떻겠습니까?"

"안 됩니다. 제나라에서 위나라는 불과 열흘이면 갈 수 있습니다. 개방이 주군의 일을 맡아 그 뜻을 살피느라 15년이나 부모를 만나러 가지 않았습니다. 이는 인정이 아닙니다. 부모를 모시지 못하는 사람이 어찌 군주를 모시겠습니까."

"그럼 요리사 역아는 어떻습니까?"

"안 됩니다. 역아는 주군의 입맛을 돌보며, 주군께서 '아직 맛보지 못한 게 있다면 사람 고기다.'라고 하자 자기 아들의 머리를 삶아 바친 일은 주군께서도 알고 계십니다. 사람의 인정이라는 것은 자식을 사랑하지 않을 수 없는 것인데 자식을 삶아 군주에게 바쳤습니다. 자식을 사랑하지 않는 자가 어찌 군주를 안정되게 사랑하겠습니까."

"그렇다면 누구를 생각할 수 있을까요."

"습붕은 괜찮을 것 같습니다. 그 사람은 중심이 단단하고 겉모습은 예의바르며 욕심은 적고 믿음이 큰 사람입니다. 중심이 단단하면 모범이 되기에 족하고, 예의가 바르면 대임을 맡길 수 있습니다. 욕심이 적으면 능히 백성을 대할 수 있고, 믿음이 크면 주변국과 친교할 수 있습니다. 이는 패자를 보좌할 수 있는 재목이니 군주께서는 그를 쓰십시오."

"알겠습니다."

일 년쯤 지나 관중이 죽었다. 환공은 습붕을 쓰지 않고, 수조에게 일을 맡겼다. 수조가 정사를 돌본 지 3년 만에 환공은 남쪽으로 유람을 떠났다. 이에 수조는 역아와 위 공자 개방을 끌어들여 반란을 일으켰다. 환공은 남쪽의 침전에 갇혀 갈증과 굶주림 끝에 죽었다. 그리고 공의 시신을 석 달 동안 거두지 않자 구더기가 방 밖으로 기어나갈 지경이 됐다.

제환공은 병사들을 거느리고 천하를 가로지르며 춘추오패의 수장이 되었지만 신하를 보는 눈이 낮아(卒見) 그 신하로부터 살해당하고, 그 드높은 이름을 잃고, 천하의 비웃음을 사게 됐다.

자, 어떤가? 관중의 말을 듣지 않아 이렇게 화를 당했다. 이를 일러 충신의 말을 듣지 않고 독단적으로 행하면 명성을 잃고 비웃음을 사게 된다는 것이다.

6) 내부의 역량을 헤아리지 않고 외국에 의지하면 영토가 깎인다.

옛날에 진(秦)나라가 한(韓)나라의 성읍인 의양을 쳤을 때, 한나라는 위급했다. 당시 재상이던 공중붕이 한의 군주에게 말했다.

"우방국들을 믿을 수 없으니 장의를 중간에 세워 진나라와 화해하는 게 낫겠습니다. 이름난 도시 하나를 뇌물로 바치고 남쪽 초나라를 치십시오. 이것이 진나라에 대한 걱정은 풀고 그 손해는 초나라에 전가하는 방법입니다."

"그럽시다."

그러고서 공중붕을 서쪽으로 보내 진나라와 화친을 청하기로 했다. 초나라 왕이 이를 듣고 두려워 진진을 불러 말했다.

"한나라 공중붕이 진나라와 화친하러 서쪽으로 간다네. 이제 어찌해야 하는가?"

이에 진진은 대답했다.

"진나라는 한나라의 도시 하나를 얻고, 단련된 군사들을 몰고 한나라와 합세해 초나라를 향해 남쪽으로 내려올 것입니다. 이는 진왕이 종묘에 빌며 원했던 일입니다. 그리되면 초나라는 필시 해를 입을 것입니다. 왕께서는 급히 믿을만한 신하를 골라 사신을 삼고 많은 수레에 무겁게 예물을 실어 한나라로 보내어 이렇게 말하도록 시키십시오. '내 나라는 비록 작지만 귀국을 돕기 위해 우리 병졸들을 모두 일으켰으니 이를 믿고 진나라에 귀국의 뜻을 모두 펴십시오. 귀국의 사자를 국경으로 보내어 초나라 병사들이 출동한 것을 살펴보십시오.'라고 말입니다."

한나라는 초나라로 사람을 보냈다. 초왕은 전차와 기마를 동원해 한나라로 가는 길목에 진을 치고 있었다. 한나라 사자에게 말했다.

"한의 군주에게 보고하십시오. 우리 군사가 지금 국경으로 들어가려고 하고 있다고 말입니다."

사자가 돌아와서 한나라 군주에게 보고했다. 군주는 크게 기뻐하며 공중붕이 가는 것을 중지하라고 했다. 그러자 공중붕이 말했다.

"안 됩니다. 지금 우리의 실제 해악은 진나라이고, 우리를 구해주겠다고 말만 늘어놓는 것이 초군입니다. 초나라의 빈말을 듣고 강국 진나라를 무시하는 것은 진짜 화를 부르는 것입니다. 이것은 나라를 위험에 빠뜨리는 원인이 될 것입니다."

그러나 한나라 군주는 듣지 않았다. 공중붕은 크게 노하여 집으로 돌아가 열흘간 조정에 나오지 않았다. 의양의 형편은 더욱 위급해졌다. 한

나라 군주는 사자에게 영을 내려 초나라 원군을 재촉하고, 연달아 사신들을 보냈지만 원군은 끝내 오지 않았다. 의양은 함락됐고, 다른 제후들의 비웃음거리가 됐다. 이를 일러 안으로 자기 역량을 보지 못하고 밖의 제후들에게 의지하려 들면 국토는 깎이고 우환을 당한다고 하는 것이다.

7) 무례하고, 신하를 무시하면 나라를 이어나갈 수 없다.
작은 나라가 무례하다는 것이 무슨 얘기인가. 옛날 진(晉)나라 공자 중이(훗날 춘추오패 중 한 명인 진문공이 되는 사람)가 망명길에 올랐을 때 조(曺)나라를 지났는데, 조나라 군주가 그의 윗도리를 벗기고 그 몸을 들여다보았다. 그 앞에서 희부기와 숙첨이 시중을 들고 있었는데, 숙첨이 나중에 조나라 군주에게 말했다.

"제가 진나라 공자를 보니 그 인물이 비상하였습니다. 주군께서는 무례하게 대하는 우를 범하셨으니 만일 그가 어느 날 자기 나라로 돌아가 군사를 일으킨다면 우리에게 해가 미칠까 두렵습니다. 차라리 그를 죽이는 것이 어떻습니까."

그러나 조나라의 군주는 듣지 않았다. 희부기가 집으로 돌아와서도 우울한 기색을 보이자 그의 아내가 물었다.

"공이 밖에서 돌아오신 뒤 안색이 좋지 않으니 무슨 일입니까?"

"내 듣기로, 군주의 복은 아래로 내려오지 않으나 화는 연좌해서 내려온다고 하였소. 오늘 우리 군주가 진나라 공자를 초청하여 무례를 범했소. 내가 그 앞에 있었소. 그래서 마음이 불편한 것이오."

"제가 보기에도 진 공자는 대국의 군주가 될 상입니다. 그리고 그 좌우에 따르는 자들도 대국의 재상감이지요. 지금은 궁한 처지라 망명길에 올라 조나라를 지나는 길이었는데 조나라가 무례를 저질렀으니 만일 나라로 돌아간다면 반드시 그 무례를 벌하려 할 것입니다. 즉 그 처음이 조나라가 될 것입니다. 당신은 어째서 먼저 조나라 군주와는 별개로 새로운 관계를 맺으려 하지 않으십니까?"

"좋은 생각이오."

희부기는 단지 안에 황금을 아래에 깔고, 그것을 음식으로 덮은 뒤 다시 그 위에 벽옥을 덮어 한밤중에 사람을 시켜 공자에게 보냈다. 공자는 심부름하는 사람을 맞아 두 번 절하고 벽옥은 사절하고 음식만 받았다.

공자 중이는 조나라에서 초나라로 들어갔다가 다시 진(秦)나라로 들어갔다. 진에 들어온 지 3년 되었을 때, 당시 진나라 군주인 목공이 신하들을 불러 논의했다.

"과거 진(晉)나라 헌공과 나의 교분에 대해 여러 제후들 중 못 들은 사람이 없소. 불행하게도 헌공이 신하들과 이별하여 돌아간 지 10년 안팎이 되었소. 그러나 후사가 변변치 않아 나는 조만간 그 종묘에 제사도 지내지 못하고 사직에 혈식을 바치지 못할까 걱정스럽소. 이렇게 불안정한 것을 지켜만 본다면 내 친교의 도리가 아니라 할 수 있소. 나는 중이를 진나라의 보위에 오르도록 하고 싶은데 어떠하오?"

신하들은 입을 모아 말했다.

"최선입니다."

목공은 군대를 일으켜 무장한 병거 5백승과 이를 몰고 출전하는 기마 2천 명, 그리고 보병 5만을 내주어 중이를 진나라로 들여보내 군주로 세웠다.

중이가 즉위하고 3년이 되었을 때 병사를 들어 조나라를 쳤다. 그리고 사람을 보내 조나라 군주에게 말했다. "숙첨을 결박해 내보내면 과인이 그를 죽여 본보기를 보일 것이다."

그리고 희부기에게도 사람을 보내 말을 전했다.

"나의 군사들이 성 가까이로 가고 있으나 나는 그대가 나를 외면하지 않은 것을 기억하노라. 그대의 동네 문 앞에 표식을 해두면, 과인이 영을 내려 군사들이 그곳을 범하지 못하도록 하겠다."

조나라 사람들이 이 말을 듣고, 친척들을 이끌고 와서 희부기의 마을에서 보호받은 자가 칠백여 집이나 됐다. 이는 예의가 얼마나 소용이 있는가를 보여주는 것이다.

조나라는 진(晉)과 초나라 사이에 있는 작은 나라로 그 나라의 위태로움이 마치 계란을 쌓아놓은 것(累卵)과 같았는데 이토록 무례한 짓을 하였다. 그러니 어찌 대가 끊어지지 않을 수 있는가. 이를 일러 나라는 작은데 예의를 지키지 않고 간하는 신하의 말을 듣지 않으면 대가 끊긴다는 것이다.

6. 마음씨 좋은 군주가 나라를 망치는 방법

군주가 나라를 망치는 건 악의에서 출발하지 않는다. 일에 대한 욕심, 물정은 모르면서 의욕만 넘치는 열정과 선의가 오히려 나라의 손해로 돌아오기도 한다. 과거 군주는 영구적 지위였고, 신하들은 언제든지 바뀔 수 있는 자리였다. '물 들어올 때 노 젓는다.'는 신하들의 처세 방식은 예나 지금이나 같았다.

그런데 현대는 과거 군주의 자리였던 대통령의 자리도 임시직이다. 군주보다 더 취약할 수 있다. 우리는 대통령과 최측근들이 사리사욕을 챙겼던 경험을 많이 가지고 있다. 정치인이 대중의 인기에 영합하기 위해 국익을 구부리는 포퓰리즘에 대한 경계의 대목으로 이 부분을 살필 필요가 있다.

군주가 일 욕심으로 전말과 전망을 제대로 파악하지 못하고 의욕만 앞세워 일을 할 경우 이익은 얻지 못하고 반드시 손해를 보게 된다. 일을 아는 사람은 의욕보다는 이치를 따른다. 일에는 원칙이 있는데 수입은 많고 지출은 적도록 일을 안배해야 한다.

그런데 분별력이 낮은 군주는 수입만 계산하고 지출은 계산하지 않는다. 지출이 수입의 배가 되더라도 그 손해를 알아차리지 못하면 명목상으로는 벌고 실질적으로는 망하는 것이다. 이렇게 되면 공은 적고 손해는 커진다. 막대한 비용을 들이고도 작은 공을 인정해주면, 신하들은 막대한 비용을 써가며 그런 작은 공을 세우려 할 것이다.

군주는 과하게 베풀면, 아래에서는 하는 일도 없이 상만 챙긴다. 군주의 분에 넘치는 상은 신하에게는 행운이지만, 하는 일도 없는 신하가 상을 받으면 공을 세운 사람은 존중받지 못한다. 공도 없는 자에게 상을 주게 되면 재정이 말라붙는 것은 아랑곳없이 백성들도 그것을 받으려고만 할 것이다. 이렇게 되면 백성들은 최선을 다하지 않을 것이다.

  그러므로 분에 넘치게 상을 베풀면 백성을 잃게 되고, 형벌도 지나치게 되면 백성들은 그것을 두려워하지 않게 된다. 상을 주어도 부지런히 힘쓰도록 하지 못하고, 벌을 주어도 나쁜 행위를 말릴 수 없다면 나라가 아무리 크다 한들 반드시 위험해진다. 그러므로 "지식이 짧은 자에게 일을 도모하게 할 수 없고, 충심이 없는 자에게 법을 다루게 할 수 없다."고 하는 것이다.

7. 좋은 군주는 믿을 수 있는 군주(信主)

관중은 군주의 처세에 따라 7가지(칠주, 七主) 유형으로 분류한다. 군주들은 일곱 형상으로 나타나지만 제대로 된 군주가 되는 건 힘든 일이다. 군주의 처세를 보고, 현대의 리더십에 대해 생각해볼 수 있다. 〈관자, 칠주칠신〉

신주(信主) 신민에게 믿음을 주는 군주. 신주는 형세에 올라타 사리를 좇고 상법(常法)을 만든다. 원근의 의견을 두루 청취하고 끊임없이 국정을 밝게 살핀다. 법령을 안정시키고 상벌을 반드시 행하기에 신민 모두 법도를 준수한다. 강경한 수단을 사용하지 않고 은혜를 베풀어 백성의 협조를 구한다. 백성이 소박한 본성으로 돌아오는 이유다.

혜주(惠主) 은혜로운 군주. 포상을 두텁게 하기에 국고를 이내 고갈시키고, 간악한 자를 사면해 국법을 훼손한다. 국고가 고갈되면 군주의 권세가 약화되고 법도가 느슨해지면 간사한 짓이 횡행한다. 은혜가 과도하면 오히려 패망한다.

침주(侵主) 법도를 어기는 군주. 즐겨 악행을 저지르고 법도를 거스르며 난제를 함부로 결단해 스스로 눈을 가리고 은밀히 저격하는 것을 즐기며 몰래 살피기를 좋아하고, 일처리에 상규가 없어 법령을 시행함에 있어 시작을 질질 끈다. 이를 깨닫지 못하면 국세가 이내 위험에 처한다.

황주(荒主) 황당한 일을 벌이는 황주는 아름다운 것을 탐하고 귀는 늘 좋은 음악과 같은 소리를 그리워한다. 좌우 대신들의 건의를 고려하지 않고 간관의 의견도 듣지 않는다. 군신들도 멋대로 망행을 한다. 국권이 기울어지는 이유다.

노주(勞主) 몸이 바쁜 군주. 직책을 나누는 것이 분명치 못한 까닭에 군신이 서로 간섭하며 법제를 혼란케 만든다. 형벌은 지나치게 무겁고 많은 데다 각박하다. 이를 벗어나고자 할수록 더욱 어지러워지고 그대로 두면 위태로워진다. 후사가 이어지지 않는다.

진주(振主) 사람을 떨게 만드는 진주는 희로가 무상한 까닭에 가혹하다. 군신이 공포에 질려 어찌할 바를 모른다. 사람들이 거짓을 일삼으며 궁지를 벗어나려 발버둥 친다. 나라의 기반이 흔들린다.

망주(芒主) 나라를 망치는 군주. 인정과 동떨어진 까닭에 사람을 크게 의심한다. 신하를 믿지 못한다. 매사 자기 홀로 처리하는 까닭에 할 일이 번다하고, 번다한 까닭에 어지러워지고, 어지러워지는 까닭에 사안의 완급을 가려 처리해야 할 일이 뒤섞여 모조리 방치된다. 이를 깨닫지 못하면 판단과 예측이 흐려져 여력을 소진하고 마침내 나라와 자신을 모두 망치는 망국망신(亡國亡身)의 징벌을 받는다.

군주는 즐기는 자세로 마음을 평안히 하고, 관원은 정중하며 근엄해야 하고, 백성은 소박하고 친화해야 한다. 그리하면 관부에는 사악한 짓을 행하는 관원이 없고, 조정에는 간사한 짓을 꾀하는 간신이 없고, 민간에서 서로 빼앗거나 다투는 일이 없게 된다.

3.

인사가
만사

정치는 사람이 하는 일이다. 안정된 나라를 만들려면 사람을 잘 써야 한다. 권력 주변을 기웃거리는 '정치적 인간'들의 행태는 예나 지금이나 비슷하다. 제왕학에서도 가장 골칫거리로 여기면서 많은 부분을 할애하고 있는 부분이 사람을 어떻게 써야하는지를 다루는 용인술(用人術)이며 '간신'과 '세도가'들에 대한 경계다.

간신은 군주의 눈을 가려 세상 보는 눈을 어둡게 한다. 그런데 참으로 묘한 것은 최고 권력자들은 간신을 총애한다는 것이다. 그들의 최고 기술은 아부와 아첨인데, 사람은 누구나 달콤한 것을 좋아하듯 귀에 달콤하기로는 아부와 아첨을 능가하는 것이 없다. 누구든 쓰고 고생스러운 것이 싫은데 그 높은 자리에 올라서 무엇 때문에 쓴 말을 귀에 담아야 하느냐는 말이다. 한데 간신들의 '특장기'는 따로 있다. 인재를 죽이는 기술이다. 만일 인재들이 왕의 주변에 남아 있을 때, 어느 날 왕이 문득 정신을 차리면 그들에게 자신의 자리를 빼앗길 수 있다는 위험성을 미연에 차단하는 것이다. 간신이 득세하는 나라와 조직에는 그리하여 인재가 고갈되거나 무고하게 모함을 당하는 일들이 비일비재로 일어난다.

또한 탐욕스러운 자들이 세력을 얻게 되면 붕당을 만들어 백성과 나라에 돌아가야 할 이익을 자기 일당의 사적 이익으로 훔쳐간다. 이들을 세도가라고 한다. 어느 시대 어느 나라에나 권력 주변에는 늪지대의 이끼들처럼 달라붙어 있는 생명력이 질긴 인간군상이 있다. 간신과 세도가는 그런 이끼 같은 존재들이다.

간신과 세도가들이 날뛰어 정치가 혼란스럽다면 누구의 잘못인가. 제왕학의 스승들은 모두 '군주의 잘못'이라고 말한다. 태공망 여상은 "용인의 실패는 군주 탓"이라고 못 박는다. 군주가 보기엔 현자를 선발했는데도 용인이 서투르다는 지적을 받는다면 그건 헛된 명성만 좇은 나머지 진짜 현자를 발탁하지 못한 것이라는 말이다.

여기에서 특히 '군주'라는 말을 '국민'이라는 말로 바꾸어 생각해도 된다. 국민주권시대에 대통령과 정치인을 뽑는 것은 군주가 아닌 '국민'이기 때문이다. 나라의 이익을 자기들 사조직의 이익으로 편취하거나 나라의 인재를 죽이는 일이 횡행하는 정권과 국회의 일꾼을 뽑았다면, 그 책임은 국민도 함께 져야 한다는 것이다.

간신과 세도가, 실력은 없으면서 권력을 탐하는 탐욕스러운 야심가들을 골라내는 방법을 제왕학의 가르침에서 찾아본다.

1. 명성 높고, 칭찬받는 자들을 경계하라

제왕학 '용인술'(用人術)의 제일원칙이다. 명성 높고 칭찬 받는 자들을 등용하는 것이 어떤 위험을 초래하는지, 명성과 칭찬이라는 것이 얼마나 무익한 것인지를 알려준다. 이는 국민주권시대의 국민들이 알아두어야 할 용인술이기도 하다. 우리가 정치지도자를 뽑을 때 실수하지 않으려면 말이다.

천하의 사람들은 대개 명성에 현혹될 뿐, 그 진가를 꿰뚫어보지 못한다. 그래서 숨어산다는 은자는 명예로운 자로 존경받고, 유세객은 그 연설로 세상에 드날린다. 이런 사람이 존경받는 이유는 무엇일까. 군주가 명석하게 살피지 않고 대중의 인기를 어질다며 귀하게 여기기 때문이다.
어지러운 나라에선 대중적 인기가 있는 자가 공적이 없어도 상을 받고, 직무에 충실한 자는 죄과가 없어도 죽임을 당한다. 군주는 어둡고 어리석고, 뭇 신하들은 도당을 만든다. 말 잘하는 자는 변설을 논하고, 충실한 사람이 다투다 떠나간다. 군주의 명령에 도당을 지어 반대하고 법령에서 금하는 것을 간교한 꾀로써 대항한다. 〈회남자 주술훈〉

군주가 세인의 칭송을 받는 자를 현자로 생각하고, 세인이 비난하는 자를 불초한 자로 생각하면 파당을 지어 무리를 만들어 당우가 많은 자만 중용되고 그렇지 못한 자는 배척당한다. 간사한 자들이 패를 지어 현자를 덮어 가리고, 간신은 거짓 명예로 작위를 얻는다. 〈육도, 문도〉

태공망, '이런 자들은 반드시 경계하라'

⋯ 지략과 권모도 없고 하는 일도 없는데 높은 자리에 앉아 후한 대우를 받고 있는 자

⋯ 명성만 높고 실제로는 재능이 없는 자. 들고날 때 말이 다르고, 남의 결점만 부풀리고, 시류를 쫓아 교묘히 기회를 노리는 투기꾼 같은 심보를 가진 자

⋯ 겉으로 소박함을 가장하는 자들. 입으로는 무위지치와 무욕을 떠들며 명예와 이익을 구하는 거짓된 자들

⋯ 자신을 거창하게 치장하는 자들. 널리 아는 체하며 떠벌이고, 현실과 동떨어진 공허한 얘기를 고담준론인 양 떠들며 자신을 미화하고, 은자인 양 행세하며 시속을 비방하는 간사한 자들

⋯ 아첨과 참소를 일삼으며 구차하게 이익을 구하는 자. 수단방법을 가리지 않고 관직을 구하고, 과감히 몸을 내던지는 체하며 많은 녹봉을 챙기고, 국가대사보다 사리를 취하는 데 혈안이 돼 있고 허황된 이야기로 군주의 귀를 솔깃하게 하는 자

⋯ 거짓 방술과 기괴한 기예로 사람을 현혹하는 자들

한비자, 나라를 혼란에 빠뜨리는 '인재 영입'

① 세상의 평판을 근거로 인재라며 끌어올리면, 그는 군주보다도 아래로 패거리를 모을 것이며, 만일 줄서기로 형성된 파당을 기반으로 관리를 등용하면 백성은 사교에만 힘쓰고, 법에 따른 등용을 구하지 않는다. 그리하면 능력 있는 관리를 잃게 되고, 그 나라는 혼란에 빠질 것이다.

② 명성에 상을 주고, 비방을 받았다고 벌을 주면, 사람의 심리는 상을 좋아하고 벌을 싫어하니, 응당 공적인 행동보다 사리를 구하는 술수를 써서 작당해 서로 감싸주게 된다. 저희들끼리의 교제에 힘쓰며 자기 패거리만 추천하게 되면 충신은 죄가 없어도 죽을 위기로 몰리고, 간사한 자는 공이 없어도 편히 즐기며 이익을 보게 된다.

충신이 죄 없이도 죽을 위기로 몰리면, 좋은 신하들은 바짝 엎드려 숨어버린다. 공도 없는 간사한 신하가 득세하면 간신만 들끓게 될 것이니 이것이 멸망하는 근본 원인이다.

망조가 든 나라의 조정에는 사람이 없다는 말은 신하의 숫자가 줄었다는 말이 아니다. 대부(大夫)들이 자기 가문의 이익을 늘리는 데 힘쓰고, 나라를 풍요하게 하는 데는 힘쓰지 않으며, 대신들은 자기들끼리 서로 치켜세우고, 군주의 존엄을 높이는 데 애쓰지 않는다는 말이다. 하급 관리들은 봉록에만 매달려 힘이 되는 자와 교유하는 데에나 몰두하고, 관의 업무는 소홀히 한다. 이 모든 원인은 군주가 제공하는 것이다.

〈한비자, 유도〉

2. 군주가 간신을 키우는 법

한비자는 군주들이 어떻게 간신들이 살아갈 토대를 제공하고, 그들에게 힘을 실어주는지 자세히 살피고 있다. 그가 군주에게 제시하는 해답은 도(道)를 따르는 것이고, 그에게 도는 법과 규제를 엄히 지키는 것이었다.

그러나 법치국가인 현대 사회에서 엄한 법이 있어도 간신들은 활개를 친다. 한비자도 이 시대를 봤다면 단순히 법만으로는 막을 수 없다는 걸 알게 됐을 거다. 그렇다면 현대의 도는 무엇일까. 사심 없는 태도, 공정성과 정의를 인식하는 수준으로 바꿔서 생각해볼 수 있지 않을까. 한비자가 보여주는 간신에 대한 통찰력에 더해 우리는 그 해결책으로 공정성과 정의에 대한 생각을 확장시킬 필요가 있을 것 같다. 〈한비자〉에선 식사·육반·궤사편 등에 간신을 키우는 군주들에 대해 통렬하게 살피고 있다.

지모와 능력 꾸며대는 자들을 높이 쳐주는 군주

군주가 상법(常法)을 버리고 사사로운 견해를 쫓는다면 신하들은 자신들의 지혜와 능력을 꾸며대려 한다. 신하들이 지혜와 능력을 꾸미면 법률과 금제는 설 자리가 없어진다. 이렇게 되면 온갖 잡다한 견해에 따른 일들이 실행되고, 나라를 다스리는 근본은 폐지될 것이다.

나라를 다스리는 도리, 즉 치국지도(治國之道)로 법을 해치는 자들을 제거해야 지혜와 능력을 꾸며대는 자들에게 미혹되지 않고, 허명으로 이름만 드높은 자에게 속지 않을 수 있게 된다.

거울이 깨끗하면 아름다움과 추함이 저절로 비교가 되고, 저울이 바르게 있으면 가볍고 무거운 것이 저절로 계량된다. 거울을 흔들면 분명하게 볼 수 없고, 저울을 흔들면 정확하게 계량할 수 없듯이 법도 마찬가지다. 그래서 선왕의 도에서 원칙으로 하는 것은 법을 근본으로 삼는 것이다. 그래야 근본을 다스리는 자는 이름이 높아지고, 근본을 어지럽히는 자의 이름은 끊기게 된다.

대체로 지혜와 재능이 뛰어날 경우 쓰일 데가 있으면 실행이 되지만 쓰일 곳이 없으면 무용지물이 된다. 그러므로 지혜와 재능은 홀로 빛나는 것이고 전수될 수는 없다.

도와 법은 모두에게 안전하지만 지혜와 재능은 많은 실패를 할 수 있다. 대개 저울로 평형을 알고, 컴퍼스로 원을 그리는 것이 만전을 기하는 길이다. 명군은 백성에게 법을 익히도록 관리하고 도의 전범을 알도록 하기 때문에 성과를 거둘 수 있다. 컴퍼스와 자를 버리고 기교에 맡기고 법을 버리고 재주에 맡기면 혼란을 부르는 길이 된다. 어지러운 군주는 재능을 꾸며 보이도록 하고 도의 전범을 모르기 때문에 수고하여도 얻을 게 없는 것이다.

'사조직의 의리'와 '공적 의리' 구분 못 하는 군주

군주가 상도에서 벗어나 청탁을 받아들이면 신하들은 위로 관직을 팔고, 아래로는 대가를 받아 챙긴다. 이런 까닭에 그들의 집안이 이익을 챙기고, 이런 신하들이 위세를 부리게 된다. 이렇게 되면 민간에선 힘껏 군주를 섬길 마음이 없어지고, 윗사람과의 교제만 일삼게 된다.

민간이 교제를 좋아하면 뇌물이 위로 흘러 말재주를 부리는 자가 임용

된다. 이렇게 되면 실제로 업무 성과를 올리는 자들은 점점 적어질 것이다. 간신들이 점차 앞으로 나가고 재능 있는 신하들이 물러나면 군주는 어찌해야 할지 몰라 흔들리게 되고, 사람이 많아도 어찌해야 하는지 모르게 된다.

이는 법금(法禁, 법률과 금제)을 폐하고, 공로는 무시하고, 겉으로 드러난 평판에 의지해 등용하며 청탁을 받아들인 실수 때문이다. 대체로 법을 파괴하는 자들은 반드시 삿된 일을 꾸며서 핑계거리로 삼아 군주와 가까워지려고 하고, 세상에 보기 드문 희한한 일을 말하는 것을 좋아한다. 이것이 폭군이나 어지러운 군주들을 현혹하는 약삭빠른 신하들이 군주의 권한을 침해하는 방법이다.

군자가 법을 세우는 것은 그것이 옳기 때문이다. 지금 많은 신하들은 기발한 재주를 앞세우고 법대로 하는 것은 옳지 않다고 하며 자신들의 지혜로 사악한 것들을 바르게 할 수 있을 것처럼 하며 법을 넘어 모략을 세우려고 한다.

이런 자들을 금하는 것이 바로 군주의 도이다. 군주의 도는 공사의 구분을 명확히 하고, 법제를 세우고, 사사로운 은애를 버리는 것이다. 명령은 반드시 행해지고, 금하는 규제는 반드시 그치도록 하는 것이 군주가 세우는 공정한 도리, 즉 공의(公義)이다.

사익에 따라 행동하고, 친구들끼리 믿으며 상을 주어서 근면함을 북돋울 수 없고 벌로도 못하게 막을 수 없는 것. 이것이 신하들이 뭉치는 사조직의 의리, 즉 사의(私義)이다. 사의가 판을 치면 어지러워지고 공의가 행해지면 분별이 생긴다.

군주의 귀가 얇으면 간신만 판을 친다

어리석은 군주는 여러 사람이 칭찬하는 것이면 따라서 좋아하고, 여러 사람이 그르다 하는 것이면 따라서 미워한다.

사람들은 개인의 이득에 따라 사람을 칭찬하는데, 세상 군주들은 헛된 명성만을 듣고 그들을 예우한다. 예우가 있는 데는 반드시 이득이 주어진다. 민중이 개인의 해악 때문에 사람을 헐뜯으면 세상 군주들은 속된 판단에 가려져 그들을 멸시한다. 멸시가 있는 데는 해악이 반드시 주어진다.

그러므로 벌을 받아야 마땅한 사람에게 명예와 포상이 내려가고, 공익에 힘쓰고 선행하여 상을 받아야 할 사람이 오히려 헐뜯기고 부당한 대우를 받는 경우가 많아지니 나라의 부강을 구한다 하더라도 할 수가 없다.

예부터 이르는 말에 정치하는 것은 마치 머리 감는 것과 같다고 했다. 비록 머리가 빠지더라도 반드시 감아야 하는 건, 머리 빠지는 손실이 아까워서 머리가 자라는 이득을 잊는 것과 같다. 종기를 도려내는 것은 아프며, 약 마시는 것은 쓰다. 쓰고 괴롭다 하여 종기를 도려내지 않고 약을 먹지 않는다면 몸을 살리지 못하여 병을 고치지 못한다.

군신 간은 이해관계이지 사랑하는 사이가 아니다

군신 사이에는 부자간의 정은 없다. 그런데 도의로 신하를 누르려 한다면 그 관계에 반드시 틈이 벌어질 것이다. 부모가 자식에 대해서도 아들을 낳으면 서로 축하하지만 딸을 낳으면 죽여 버린다. 이들이 다 같이 부모의 품안에서 나왔지만 아들은 축하받고 딸은 죽이는 것은 그 후의 편의를 생각하여 먼 이득을 계산하기 때문이다. 이처럼 부모가 자식에 대해서도 계산하는 마음으로 상대하는데, 하물며 부자간의 정도 없는 군신 간에 무슨 사랑을 논하는가.

지금 학자들은 군주에게 이득을 구하는 마음을 버리고 서로 사랑하는 길로 나아가라고 한다. 바로 군주에게 부모보다 더 친밀할 것을 요구하는 것이다. 이것은 거짓을 속삭이며 억지를 쓰는 것이다. 그러므로 현명한 군주는 법도를 분명히 세우고, 공과 실에 따라 상과 벌을 공정하게 운영해야 한다.

보상이 불공정한 군주

사직이 존립하는 바탕이란 안정되고 평온한 것이다. 그러니 시끄럽고 음험하며 남을 헐뜯거나 아첨하는 자가 임용되면 존립이 위태롭다.

사방 영토 안의 백성들이 잘 듣고 따르게 할 기반은 신의와 은덕이다. 벼슬아치들이 자리를 유지하고 나라의 영토가 넓어지는 것은 싸우는 병사들의 공이다. 그런데 지금 죽은 병사의 고아가 굶주려 길에서 구걸하고 있는데, 왕 곁에서 광대노릇을 하거나 술시중 드는 부류는 수레를 타고 비단옷을 입는다.

상과 봉록은 백성이 힘을 다 쓰게 하고 아랫사람의 목숨과 바꾸기 위한 것이다. 지금 싸워 이겨 성을 쳐서 빼앗은 병사들은 애만 쓰고 보상은 받지 못하고 있는데, 점을 치고 손금을 보며 교활하게 앞에서 마음에 드는 말만 하는 자는 매일 하사품을 받는다.

지금 법도를 지키고 받드는 사람이 충심으로 위와 가까이 하려 하여도 윗사람을 만나 뵐 수가 없다. 오히려 말을 교묘하게 잘하고 악을 행하여 세상에 요행을 낚으려 하는 자가 군주를 자주 모신다.

갑옷 입은 전사들은 관직을 얻지 못하고 하는 일 없는 사람들만 높여지고 이름이 알려진다. 위가 염치를 치켜세우는 까닭은 아랫사람을 독려하기 위한 것이다. 그런데 지금 사대부들은 더럽고 추한 욕을 부끄러워하지 않고 벼슬을 하며, 여자나 권세 있는 집안이 차례를 기다리지 않고 벼슬을 한다.

포상과 하사는 존중을 표현하기 위한 것이다. 그러나 싸움에 공이 있는 전사는 빈천하고 가까이 시중드는 광대들만 지나치게 우대받는다. 위가 이처럼 문란하다면 어찌 위태롭지 않겠는가.

3. 아궁이가 된 군주

예로부터 왕은 해에 비유됐지만 측근들과 친목 모임 하듯이 나라를 운영하는 군주는 아궁이밖에 안 되었다. 〈한비자〉 '내저설 상'에 나온 위 영공과 미자하 이야기를 통해 '아궁이 군주'의 면모를 볼 수 있다.

위 영공 때 미자하가 총애를 받아 위의 국정을 전횡하였다. 궁중의 광대 하나가 공을 보더니 "저의 꿈이 맞았습니다."라고 했다. 공이 물었다.
"무슨 꿈인가."
"꿈에 부엌 아궁이를 보았는데 공을 뵙는 꿈이었습니다."
공이 노하여 물었다.
"내가 듣기로 군주를 만나볼 자는 꿈에 해를 본다고 한다. 어떻게 나를 만나보기 위해 꿈에 아궁이를 본다는 말인가."
광대는 말했다.
"대저 해는 천하를 두루 다 비추므로 한 물건도 그것을 가릴 수 없습니다. 군주는 한 나라를 두루 다 비추므로 한 사람도 가로막을 수 없습니다. 그러므로 장차 군주를 뵈려면 해를 꿈꾸게 됩니다. 그런데 아궁이는 한 사람이 거기서 불을 쬐면 뒷사람은 따라서 볼 데가 없습니다. 혹시 한 사람이 군주 앞에서 불을 쬐고 있습니까. 그렇다면 제가 비록 아궁이 꿈을 꾸었다고 하더라도 또한 옳지 않겠습니까."
공은 이 말을 듣고 깨닫는 바가 있었다.
위 영공은 드디어 측근인 옹저를 멀리하고, 미자하를 물리쳤다.

그러고서 사공구를 등용하였다.

한비자는 말한다.

광대는 꿈에 의탁해 군주의 도를 보였다. 그러나 영공은 광대의 말을 알아듣지 못하였다. 옹저를 멀리하고 미자하를 물리쳤지만, 총애하던 자를 멀리하고 현자라 생각되는 사공구를 등용했다.

총애하는 자를 멀리하고 현자라 생각되는 자를 등용한다고 하여도 한 사람을 다시 뽑아서 자기 앞에서 불을 쬐게 하는 것은 똑같다는 말이다. 어리석은 자가 군주 앞에서 불을 쬔다면 군주의 총명을 해치는 데 충분하다. 지금 알고 있는 것보다 더 진전된 생각을 하지 못하면서 현자라 생각되는 사람을 자기 앞에 놓고 불을 쬐게 한다면 이 역시 위험한 일이다.

예전에 굴도는 마름 열매를 즐기고 문왕은 창포 김치를 즐겼다. 둘 다 정상적인 맛은 아니지만 두 현자는 그것을 소중히 여겼다. 누군가 즐기는 음식이 반드시 맛난 것만은 아니다.

진의 영후는 참무휼을 좋아하고 연의 자쾌는 자지를 현자라 생각하였다. 정상적인 인사는 아니지만 두 군주는 그들을 존중하였다. 현자라 생각되는 이가 반드시 어진 것만은 아니다.

어질지 못한데도 현자라 생각하여 등용함은 총애하기 때문에 등용하는 것과 똑같은 상황이다. 현자가 정말 현자라서 천거함은 총애하는 자를 등용하는 것과 상황이 다르다. 초 장왕은 손숙오를 천거해 써서 패자가 되었으며, 상신은 비중을 등용하여 멸망하였다. 이는 모두 현자라 생각하는 자를 등용하였으나 사태가 서로 반대로 된 것이다. 아궁이 군주가 되면 총애하는 자를 쓰나 현자를 쓰나 마찬가지인 것이다.

　위 영공은 광대를 만나기 전에는 자신이 아궁이 노릇을 하는 줄 몰랐지만, 그 이후로는 자신이 한 사람에게 가려져 있는 아궁이 군주라는 사실을 알게 됐다. 가린 신하를 물리친 일은 바로 깨달음이 있었던 것이다. 그런데 깨달은 후에도 똑같이 현자로 하여금 자기 앞에서 불을 쬐게 하니 위험한 일이 아닌가.

4. 용인(用人)에 성공하는 방법

관중은 노이무공(勞而無功), 즉 고생을 다하고도 이루는 게 없는 세 가지 경우를 말한다. 무능력한 자와 일할 때, 불가능한 일을 억지로 시킬 때, 도리를 모르는 자에게 알려주려고 애쓸 때이다.

이 세 경우는 결코 일이 성사되지 않는다. 그러므로 일할 때는 유능한 자와 하고, 불가능한 일을 시키지 말고, 도리를 모르는 자는 무시해야 한다는 것이다. 신령이 도운 듯이 성공시키는 자는 진짜 신령이 도운 게 아니라 평소 은밀히 쌓은 내부의 역량에서 비롯된 것이며, 내공이 깊은 사람들은 여유롭게 대충 일하는 듯해도 성과를 낸다는 것이다.

사람의 재능을 잘 살펴 적재적소에 배치하는 지인(知人)은 군주의 몫이고, 사안을 잘 꿰어 직접 나서 열심히 일하는 지사(知事)는 신하의 몫이다. 나라를 안정되게 다스리는 치국에 도달하려면 인재를 적재적소에 앉히는 일이 군주가 해야 할 가장 중요한 일이다. 한비자는 '용인'편에서 사람을 제대로 보고 골라 쓰는 사람(善用人者)은 반드시 하늘의 질서에 따르고, 인심에 순응하며 상과 벌을 명확히 했다는 점을 지적한다. 한비자가 들려주는 용인의 법칙을 들어본다.

① 치국은 '적재적소'에서 시작돼

안정된 나라(治國)의 신하는 나라를 위해 공을 세움으로써 지위에 오르고, 관리로서 능력을 보임으로써 직책을 얻으며, 법도에 따라 온힘을 다하며 자신의 일에 임했다. 신하된 자들이 모두 그 능력에 맞는 자리에서 관리를 하므로 능하게 일할 수 있고, 편안히 임무를 다할 수 있다. 그러니 남는 힘을 어디에 쓸까 고민하지 않아도 되고, 여러 관직을 겸하면서 군주의 책임까지 떠메고 있을 필요도 없다. 명군은 임무를 줄 때 서로 충돌하지 않도록 하여 쟁론이 없게 한다. 또 관직을 겸하지 않도록 해 개인의 장기를 발휘하게 하며, 사람들이 같은 공을 놓고 다투지 않도록 한다.

② 법치(法治)아닌 심치(心治)의 위험

정치를 하면서 마음(心治)으로 임하면 요임금도 한 나라를 바르게 할 수 없다. 규구(제도기)를 버리고 어림짐작으로 그리면 전설적인 목수 해중도 수레바퀴 하나 완성할 수 없다. 자 없이 길고 짧은 차이를 가리면 뛰어난 장인인 왕이도 절반으로 자를 수 없다.

하지만 평범한 군주에게 법술을 지키게 하고, 솜씨 없는 장인에게 규구와 자로 측정하게 하면 만의 하나 실패도 없게 된다. 옛 사람들은 "마음은 알기 어렵고, 기쁨과 즐거움을 함께 맞추기는 어렵다."고 했다. 그렇기 때문에 원칙을 세우고, 이를 새겨야 한다.

군주라는 사람이 기본적인 통치술을 버리고, 알기 어려운 마음 하나를 따라 행하려 하니 군주에겐 노여움만 쌓이고, 백성들 사이엔 원망만 쌓인다. 잔뜩 화난 군주가 원망이 가득한 백성을 통솔하면 양쪽 다 위험해진다.

③ 명군의 법치는 쉽고 단순하다

명군의 표식은 쉬워서 약속을 잘 지킬 수 있고, 가르침은 알기 쉬워서 말로도 옮길 수 있고, 법도 쉬워서 명령이 잘 이행된다. 이 세 가지가 잘 수립되고, 윗사람이 사심이 없으면 아랫사람들은 법에 따른 통치에 순응한다. 이렇게 윗사람이 사사롭게 위세를 부리는 독이 없으면 아랫사람들은 어리석고 서툴러서 벌을 받게 되는 일도 없다. 그러므로 군주는 노여움을 줄여 명석하게 살피고, 아랫사람들은 죄를 줄여 충성심이 고갈되는 일이 없도록 한다.

④ 측근 세도가를 경계하라

측근 세도가 집안(私門)을 경계하지 않고, 중대한 일을 가볍게 처리하고, 작은 죄에 엄한 벌을 내리고, 사소한 잘못을 오랫동안 원망하고, 잠깐의 쾌락을 길게 추구하며, 화를 가져온 자에게 수차례 상을 내리면 이것은 손을 자르고 그 자리에 옥(겉보기에만 번지르르하고, 도움 안 되는 신하들을 비유하는 말)을 끼워 넣는 것과 같다.

⑤ 군주가 감정에 휘둘리면 위험해진다

군주가 어려운 법을 만들어 이에 미치지 못할 때 벌을 주면 사사로운 원망들이 생긴다. 신하가 자기 장기를 발휘하지 못하고 감당하기 어려운 일을 맡게 되면 속으로 원망이 맺힐 것이다. 노고에도 위로하지 않고 근심과 슬픔에도 가엾이 여기지 않다가, 좋으면 소인배도 칭찬하고, 현명한지 불초한지 가리지 않고 상을 주고, 노여우면 군자도 헐뜯으며 백이와 도척을 다 같이 욕보이니 신하들이 군주를 배반하는 마음이 생기는 것이다.

⑥ 상벌에 희로의 감정을 섞지 않는다
치국을 이룬 나라에서는 상과 벌에 희로(喜怒)가 없다. 성인은 법의 기준을 따르는 데 전력을 다하므로 사형을 하여도 잔인하지 않고, 간악한 자들도 승복하게 한다. 화살을 쏘아 적중하고, 상벌이 알맞은 것은 요임금을 다시 살리는 것과 같고 명궁 예가 다시 서는 것과 같다.

⑦ 가까운 현신의 계책이 먼 대국의 도움보다 낫다
대체로 군주가 벽의 틈새나 구멍을 막지 않고 붉고 흰 색칠에만 힘을 쓰면 폭우와 강풍에 반드시 무너질 것이다. 눈앞의 화근은 제거하지 않으면서 맹분과 하육처럼 목숨을 바치기를 바라고, 숙장(밖에서 문 안이 들여다보이지 않도록 세운 벽) 안의 우환은 경계하지 않으면서 국경에 단단하게 성을 쌓으며, 가까이 어진 신하들의 계책은 활용하지 않고 천리 밖 만승의 나라와 외교관계를 수립하는 게 그런 것이다. 그러나 거센 바람이 일어나면 맹분이나 하육도 구할 수 없고, 외교도 이르지 못하며, 화는 커지게 되는 것이다.

5. 인재를 얻는 방법

군주의 성패는 인사에서 결정이 난다. 그를 돕는 사람들이 인재이면 성공하고, 간사한 자이면 실패한다. 춘추오패 중 첫 패자인 제나라 환공은 재상 관중을 얻어 패자가 되고 치세를 이어갔지만, 관중이 죽고 난 후 환관 수조와 요리사인 역아 등 간사한 무리를 중용한 끝에 감금당해 죽고 몸에서 구더기가 나올 때까지 장사도 지내지 못했다. 환공의 비참한 최후는 누구의 잘못도 아닌 사람을 알아보지 못한 자신 탓이었다. 제왕학의 스승들은 인재를 얻는 법에 대해 다양한 비법을 늘어놓고 있다.

현명한 군주는 안에서 든다 하여 친족을 피하지 않고 밖에서 든다 하여 원수를 피하지 않는다. 옳은 것이 여기에 있으면 따라서 그를 발탁하고 그른 것이 여기에 있으면 따라서 그를 처벌한다. 이런 까닭으로 현량한 사람이 나아가게 되고 간악한 자는 물리치게 된다. 〈한비자, 설의〉

현명한 신하를 선발하기 위해서 군주는 세 가지를 주의해야 한다.
①능력 있는 사람(能者)을 따돌릴 수 없도록 하고,
②능력 없는 자가 꾸며대는 게 통할 수 없도록 하고
③칭송을 받는 자라고 천거될 수 없고, 욕을 먹는다고 물리칠 수 없도록 한다. 〈한비자, 유도〉

군주가 인사를 할 때에는 3본이 맞아야 어지러워지지 않는다. 3본은 다음과 같다.
①대신의 덕이 그 지위에 맞는가. 德當其位
②공적이 그 녹봉에 맞는가 功當其祿
③능력이 그 관직에 맞는가 能當其官

덕과 의리가 조정에 드러나지 않은 자에게 높은 작위를 주면 안 되고, 공로나 능력이 나라에 아직 드러나지 않은 자에게 높은 작위를 주면 안 되고, 공로나 능력이 나라에 아직 드러나지 않은 자에게 두터운 녹봉을 주면 안 되고, 일을 맡아 백성에게 아직 신임을 받지 못한 자에게 큰 관직을 맡기면 안 된다.

덕은 높은데 지위가 낮은 것은 인사를 잘못한 과오(過誤)라 하고, 덕은 낮은데 지위가 높은 것을 일컬어 타당함을 잃은 실당(失當)이라고 한다. 군주의 인사에선 과오는 할지언정 실당은 하면 안 된다. 과오는 원망이 적지만 소인을 잘못 기용하는 실당은 재앙을 당할 우려가 매우 크다.

〈관자, 입정〉

태공망, 사람은 어떻게 판단하는가

사람을 임용하였더라도 살피지 않으면 사람을 알 수 없다. 군주는 발탁하여 쓰는 사람들의 육수(六守)를 살펴야 한다. 육수는 인(仁)·의(義)·충(忠)·신(信)·용(勇)·모(謀)이다.

이를 살피려면, 부유하게 해준 뒤 법을 범하지 않는지 살피고, 존귀하게 해준 뒤 교만하지 않은지 살피고, 권력을 준 뒤 전횡하지 않는지 살피고, 중요한 사명을 맡기고 위아래를 속이지 않는지 살피고, 위기 상황에

처하게 한 뒤 두려워하지 않는지 살피고, 여러 일을 처리하게 한 뒤 계책이 궁핍하지 않은지 살핀다.

부유한데도 법을 범하지 않는 것이 인이고, 존귀한데 교만하지 않은 것이 의이고, 권력을 쥐고도 전횡하지 않는 것이 충이고, 중요한 사명을 맡고도 위아래를 속이지 않는 것이 신이고, 위기에서도 두려워하지 않는 것이 용이고, 일처리에서 계책이 궁하지 않은 것이 모이다.

또한 겉만 보고 사람을 판단하면 안 된다. 겉모습과 속의 자질은 얼마든지 다를 수 있다. 대체로 다음과 같은 사례는 잘 살펴야 한다.

- 겉으로는 어진 듯 하나 실은 불초한 자
- 겉으로는 온화 선량한 듯 하나 실은 도적에 불과한 자
- 겉으로는 공경하는 듯 하나 실은 오만한 자
- 겉으로는 청렴, 근신하는 듯 하나 실은 진정성이 결여된 자
- 겉으로는 정예한 듯 하나 실은 실력이 없는 자
- 겉으로는 중후 온화한 듯 하나 실은 불성실한 자
- 겉으로는 꾀를 잘 내는 듯 하나 실은 결정을 못하는 자
- 겉으로는 과감한 듯 하나 실은 일을 잘 처리하지 못하는 자
- 겉으로는 성실히 노력하는 듯 하나 실은 신의가 없는 자
- 겉으로는 우매한 듯 하나 실은 충직한 자
- 겉으로는 언행이 과격한 듯 하나 실은 비상한 공을 이루는 자
- 겉으로는 용맹한 듯 하나 실은 겁이 많은 자
- 겉으로는 엄숙, 단정한 듯 하나 실은 평범한 수준 정도인 자

⋯▶ 겉으로는 엄혹한 듯 하나 실은 차분하고 성실한 자
⋯▶ 겉으로는 몸이 약하고 용모가 볼품없으나 일이 떨어지면 못가는 곳이 없고 이루지 못하는 게 없는 자

　사람들은 다 천하게 여겨도 오히려 성인의 존중을 받는 사람들이 있다. 이는 보통사람이 가려낼 수 있는 게 아니다. 뛰어난 혜안이 없으면 사람의 겉모습과 자질의 차이를 알기 어렵다.　　　　　　　　〈육도〉

　행태를 보고 사람을 판단할 수 있다. 남에게 교만한 자는 소인배로 그 가운데 그릇이 큰 인물은 없다. 교만한 자는 자만하기 때문이며, 자만하는 자는 실속이 없다. 자만하여 실속이 없는 자가 사람을 대하면 곧 상대에게 제어된다.

　명예를 갈구하는 자 가운데 현명한 인사가 없고, 이익을 추구하는 군주 가운데 왕도를 이루는 왕자는 없다. 진짜 현명한 인물은 일을 행할 때 명예를 마음에 두지 않고, 왕자는 치도를 행할 때 공업을 마음에 두지 않는다.
　　　　　　　　　　　　　　　　　　　　　　　　〈관자, 법법〉

6. 공정한 것이 지키는 것이다

현대의 사회적 정의에서 가장 강조되는 '공정'과 '공평'은 제왕학에서도 강조되는 덕목이다. 정치에서 공정성은 이미 3000년 넘게 고민을 거듭해온 주제인 것이다.

정사란 바로잡는 것이다. 공평한 입장에서 만물의 명칭을 바로 잡아주는 것이며, 공정성을 배양하는 것이다. 공정은 과한 것을 막고 부족한 것을 보충하는 것이며, 과부족 모두 공정이 아니다.

불공정은 나라에 해를 끼친다. 용감해도 불의하면 군사를 해치고, 어질어도 부정하면 법을 해친다. 군사의 실패는 불의에서 나오고, 법도의 파괴는 부정에서 나온다.

말을 잘해도 실익이 없는 게 있고, 행실이 신중해도 실효가 없는 게 있다. 말은 반드시 실익이 있어야 하며 웅변에 얽매이지 않아야 한다. 행실은 반드시 실효가 있어야 하며 신중에 얽매이지 않아야 한다.

〈관자, 법법〉

부족한 것을 덜어내 남는 것에 덧붙이면 안 된다. 그리고 군주는 반드시 나라의 재부를 늘리는 데 온 힘을 다해야 한다. 부유하지 못하면 사랑을 행할 길이 없고, 베풀지 못하면 친족을 단결시킬 길이 없고, 친족을 소원하게 하면 해롭고, 백성의 지지를 잃으면 나라는 망한다. 〈육도〉

법과 관습은 시대에 맞게 바꿔야 한다

통치술을 모르는 자는 이렇게 말한다.

"옛 법도를 바꾸지 않고, 풍속을 거스르지 말아야 합니다."

옛 성인이 관심을 둔 것은 바꿀 것인가 말 것인가가 아니라, 오직 그 상황의 요청에 따랐을 뿐이다. 옛 법도나 풍속을 거스를지 말지는 그것이 지금 시대에도 활용 가능한지 가능하지 않은지에 따르면 되는 것이다.

은나라 재상 이윤이 은나라의 옛 법도를 고치지 못하고, 주나라 태공망 여상이 주나라의 옛 법도를 고치지 못했다면 탕왕이나 무왕은 왕이 될 수 없었을 것이다. 관중이 제나라 풍습을 바꾸지 못하고, 곽언이 진(晉)나라 풍습을 뒤집지 못했다면 제환공과 진문공은 패자가 되지 못했을 것이다.

대체로 사람들이 옛 법도를 고치는 것을 망설이는 이유는 백성들이 익숙하게 여기는 것을 바꾸는 부담감 때문이다. 그런데 옛 법도를 고치지 않는다면 그것은 어지러운 습속을 따르는 것이며, 민심을 따른다면서 백성의 간악한 행동을 방치하는 것이다. 어리석은 백성은 세상의 혼란을 모르고, 군주는 유약해 고칠 수 없으면 통치는 실패하게 된다. 〈한비자, 남면〉

한비자, 공정성을 모르는 공자(孔子)에 대해 논함

①진(晉) 문공이 초나라와 전쟁을 벌이려고 하면서 구범을 불러 물었다.

"내가 조만간 초나라와 전쟁을 하려고 하는데 저쪽은 많고 나는 적소. 어찌하는 게 좋겠소?"

"제가 듣기로, 번잡하게 예를 따지는 군자는 충성과 신의를 좋아하지만 전쟁을 하는 진중에선 속임수도 싫어하지 않는다고 했습니다. 군주께서는 속임수를 써야 합니다."

문공은 구범을 보낸 뒤 옹계를 불러 물었다.

"내가 조만간 초나라와 전쟁을 하려고 하는데 저쪽은 많고 나는 적소. 어찌하는 게 좋겠소?"

"사냥을 할 때에 숲에 불을 지르면 많은 짐승들을 잡을 수 있지만 이후엔 반드시 짐승이 없어집니다. 속임수로 백성을 대하면 잠시 일시적인 이익은 취하겠지만 다음엔 반드시 속지 않을 것입니다."

옹계의 대답에 문공은 "알겠다."고 대답하고는 옹계의 말 대신 구범의 계략을 써서 초나라와 싸워서 이겼다. 그러나 돌아와 논공행상을 하면서 옹계를 우선으로 하고, 구범을 뒤로 돌렸다. 그러자 신하들이 말했다.

"성복의 전투는 구범의 책략을 따른 것입니다. 도대체 말은 따랐으면서 그 공은 뒤로 하는 것이 어째서입니까?"

그러자 문공이 말했다.

"대체로 구범의 말은 일시적인 권모였으나 옹계의 말은 만세에 이익이 되는 것이오."

이를 듣고 공자가 말했다.

"문공이 패업을 이룰 만하구나. 일시적인 권모와 또 만세의 이익을 알았으니 말이다."

한비자는 말한다.

옹계의 대답은 문공의 질문에 적당한 것이 아니었다. 일반적으로 질문에 답할 때에는 질문이 작은지 큰지 천천히 해도 되는지 급한지를 따져서 응대해야 한다. 질문은 높고 큰데 대답은 낮고 좁으면 명군은 받아들이지 않는다.

지금 문공은 '적은 수로 많은 수를 상대하는 방법'을 물었는데, 대답이 "후엔 반드시 다시 속지 않는다."했으니 이는 제대로 대답한 것이 아니다.

게다가 문공은 일시적 권모도 모르고, 만세의 이익도 모른다. 전쟁에서 이기는 것이 나라와 백성들의 목숨을 안정시키고 군대를 강하게 하고 위엄을 세우는 것이다. 비록 후에 다시 속일 수 없다 해도 이보다 더 큰일도 아닌데 만세의 이익을 이루지 못할까 근심하는가. 만세의 이익을 기다릴 수 있는 것은 오늘 승리해야만 할 수 있는 일이다. 오늘 이기려면 적을 속여야 하고 적을 속여야 만세의 이익이 있는 것이다. 그러므로 옹계의 대답은 문공의 질문에 맞지 않는다는 것이다.

또 문공은 구범의 말을 제대로 알지 못했다. 구범이 말한 '속임수를 싫어하지 않는다.'고 한 것은 자기 백성을 속이라고 한 것이 아니라 적을 속이라고 한 것이다. 적은 쳐야만 하는 나라다. 후에 비록 다시 못한다 하더라도 무슨 가슴 아픈 일인가.

문공이 옹계에게 먼저 상을 준 이유는 그 공 때문이었다. 즉 초나라를 이기고 군대를 격파한 이유는 구범의 책략 덕분이었다. 그 훌륭한 말(善言)이란 또 무엇인가? 옹계의 말은 후에는 반복할 수 없다고 한 말인데, 이 말은 훌륭한 말이라고 할 수 없다.

하지만 구범은 모든 경우를 다 갖췄다. 구범은 먼저 "번잡하게 예를 따지는 군자는 충과 신을 좋아한다."고 했다. 충이란 아랫사람을 사랑하는 것이며, 신이란 그 백성을 속이지 않는 것이다. 이미 사랑해야 하며 속이지 않는다 하였으니 이보다 더 훌륭한 말이 있는가. 그런데도 "속임수로 나서야 한다."고 한 것은 전쟁터에서의 군사전략을 말한 것이다. 구범은 이전에도 훌륭한 말을 했고, 후에는 전쟁에서 승리했다. 그러므로 구범이 두 개의 공을 세우고도 뒷자리에 선 것이고, 옹계는 아무것도 한 것 없이 먼저 상을 받은 것이다.

문공이 패업을 달성한 게 당연하다고? 공자는 상을 잘 주는 법을 모르는 것이다.

② 조양자가 진양성 안에서 포위당했다. 포위를 뚫고 나서 공이 있는 사람 다섯에게 상을 주었다. 고혁이 최고상을 받았다. 장맹담이 말했다.

"진양에서 혁은 큰 공이 없었는데 지금은 최고상을 주니 어쩐 일입니까?"

그러자 조양자가 말했다.

"진양에서 내 나라와 사직이 위태로웠소. 그때 내 여러 신하들 중 교만하게 나를 업신여기지 않는 자들이 없었는데, 오직 혁만은 군신의 예를 잃지 않았소. 그래서 으뜸으로 친 것이오."

이를 듣고 공자가 말했다.

"상을 잘 주었도다. 양자여. 한 사람에게 상을 주어 신하된 자들에게 예의를 잃지 않도록 하였구나."

한비자는 말한다.

중니(공자)는 상을 제대로 주는 방법을 알지 못했다. 원래 제대로 상벌을 주면 백관이 감히 남의 직분에 침범하지 못하고, 신하들이 감히 예의를 잃지 않는다. 또 윗사람이 법을 잘 따르면 아랫사람은 간악하게 속이려는 마음을 품지 못한다. 이렇다면 상벌을 제대로 줬다고 할 수 있다.

양자가 진양에 있을 때 명령은 이행되지 않고, 금력으로 그치게 할 수 없었다면 양자는 나라도 없고, 진양은 군주도 없게 됐을 것이다. 그럼 누구와 함께 지켰다는 말인가? 양자가 진양에 있었을 때에 지 씨(지백)는 수공으로 물을 대어 절구통이나 아궁이에도 맹꽁이가 살았을 정도였다. 그래도 백성들은 변심하지 않았다. 이는 군신 간에 믿음(친밀함)이 있었다는 얘기다.

양자는 군신 간의 친밀함도 있고, 명령을 장악해 금지의 법을 실행했다. 그런데도 교만하게 업신여기는 신하가 있었다면, 이는 양자가 벌을 잘못 내렸기 때문이다. 신하된 자들은 일을 도모하여 공이 있을 때 상을 받는다.

이제 혁이 교만하게 업신여기지 않았다며 양자가 상을 주었다면 이것은 자기 기분에 따라 준 것이므로 상을 잘못 준 것이다. 명군은 상을 줄 때 공 없는 자에겐 주지 않으며 벌은 죄가 없다면 주지 않는다. 양자는 교만하게 업신여기는 신하에게 벌을 주지 않고, 공이 없는 혁에게 상을 주었다.

어째서 양자가 상을 잘 주었다고 하는가. 그러니 공자가 상을 제대로 주는 법을 알지 못했다고 한 것이다.

③ 섭공(葉公) 자고(子高)가 공자에게 정치에 대해 묻자 공자가 말했다.

"정치란 가까이 있는 사람을 기쁘게 하고, 먼 데 사람을 다가오게 하는 것입니다."

노나라 애공이 공자에게 정치에 대해 묻자 공자가 말했다.

"정치란 현명한 사람을 뽑아 쓰는 일입니다."

제나라 경공이 공자에게 정치의 비결을 묻자 공자가 말했다.

"정치를 하려면 재화를 절약해야 합니다."

세 군주들이 나가자 제자인 자공이 물었다.

"세 군주들은 선생님께 똑같이 정치에 대해 물었는데 선생님의 대답이 같지 않습니다. 무슨 까닭입니까?"

공자가 말했다.

"섭 지역의 경우 도시들은 큰 데 비해 도성이 작으니 백성들이 역심(背心)을 품고 있어서 정치는 가까이 있는 사람을 기쁘게 하고 먼 데 사람을 다가오게 하는 데 있다고 말한 것이다.

노 애공의 경우는 나라의 권력을 쥐고 흔드는 대신 셋(맹손, 숙손, 계손 등 3개 권신세력)이 있는데, 그들이 밖으로는 제후나 사방의 선비들이 오는 것을 가로막고, 안으로는 붕당을 만들어 그 군주를 바보로 만들고 있다. 장차 종묘를 청소하거나 사직에 혈식을 올리지 못하게 된다면, 반드시 이 세 신하들 때문일 것이다. 그래서 정치는 현명한 신하를 얻는 데 있다고 한 것이다.

제 경공은 도성 서쪽에 옹문을 쌓고 화려한 집을 짓는가 하면, 하루 아침에 전차 백 대를 보유하는 대부가 될 수 있도록 하는 상을 세 번이나 내렸다. 그러므로 재화를 절약하는 것이 정치라고 한 것이다."

한비자는 말한다.

공자의 대답은 나라를 망치는 말이다. 백성이 역심을 품었다고 두려워해 "가까이 있는 사람을 기쁘게 하고 먼 데 사람을 다가오게 하라."고 설득하는 것은 백성에게 은혜를 기대하도록 가르치는 것이다. 은혜를 베푸는 정치는 공 없는 자가 상을 받고 죄지은 자가 벌을 면하도록 할 수 있다. 이는 법이 무너지는 원인이다. 법이 무너지면 정치가 어지러워지고, 어지러워진 정치로써 백성을 다스릴 수 없다. 그게 가능한 경우를 아직 보지 못했다. 또 백성 중 역심을 갖는 자가 있다는 것은 군주가 밝지 못해서이다. 섭공이 이를 분명히 깨치도록 해주지 못하고, 가까운 곳의 사람을 기쁘게 하고 먼 데 사람을 다가오게 하라고 한 것은 능히 금할 수 있는 자신의 권세를 버리고 은혜를 베풀어 민심을 얻는 일을 신하들과 다투도록 하는 것이니 권세를 가진 자가 할 일이 아니다.

요임금의 현명함은 육왕(요·순·우·탕왕, 주나라 문·무왕) 가운데 으뜸이다. 그러나 순임금이 거처를 옮기면 백성이 몰려들어 도읍을 이루니 요임금은 천하의 뜻이 자신에게 없음을 알았다. 누군가가 아랫사람을 통제하는 술이 없어도 순임금을 본받으면 백성을 잃지 않으리라고 기대한다면 이것 역시 아무 방책도 없는 것이 아니겠는가. 명군은 미세한 단계에서 작은 악을 꿰뚫어 봐야 백성들이 큰 음모를 꾸미지 않고, 미세한 잘못에 작은 처벌을 행해서 백성들이 대란을 일으킬 수 없게 한다. 이를 일러 "어려운 일은 그게 쉬운 단계에서부터 도모하고, 큰일은 그것이 미세한 단계부터 해야 한다."고 하는 것이다.

공 있는 자에게 반드시 상을 주면, 그 상은 군주에게서 얻은 것이 아니라 노력의 결과이다. 죄지은 자에게 반드시 벌을 주면, 벌 받는 자도 군주를 원망하지 않고 죄의 결과라고 할 것이다. 백성들은 처벌과 상이 모두 자신에게서 비롯된다는 것을 알게 되면, 자신의 본업에서 공을 이뤄 이익을 얻는 데 진력하고, 군주의 혜택을 받을 생각도 하지 않게 된다.

'가장 좋은 군주는 백성들이 (상벌을 정확히 행하는) 그가 있다는 것만 알게 할 뿐이다.'는 말이 있다. 이 말은 가장 좋은 군주의 백성들은 은혜를 기대하지도 않고 기뻐하지도 않는다는 것이다. 그러니 은혜를 베푸는 것으로 민심을 얻는 것이 좋은 일인가? 좋은 군주의 백성은 이해를 따질 일이 없다. '가까이 있는 사람을 기쁘게 하고 먼 데 사람을 다가오게 하라.'는 설득은 그만두는 게 좋을 것이다.

애공의 신하들이 밖으로는 오는 사람을 막고, 안으로는 붕당을 만들어 군주를 바보로 만드는데도 현명한 신하를 뽑으라고 설득한 것은, 그들의 공적을 보라는 게 아니라 자신의 판단으로 현자를 뽑으라는 말이다. 만일 애공이 이들 3대 권신세력이 밖으로는 사람을 막고 안으로는 붕당을 짓는 것을 알았다면 세 세력이 하루도 조정에 설 수 없었을 것이다. 애공은 현명한 신하를 뽑는 방법을 몰랐고, 자기 판단대로 이른바 현자를 뽑아서 쓴 결과 이들 셋이 일을 맡은 것이다.

연나라의 자쾌는 손경이 아니라 자지를 현자로 보았기 때문에 자신은 죽고 치욕을 당하였다. 오나라 부차는 태재비가 지혜롭고 자서는 어리석다고 보았기 때문에 월나라에 멸망하였다. 노의 군주가 절대로 현자를 알아보지 못하는데도 현명한 신하를 뽑으라고 하는 것은, 애공으로 하여금 부차나 연의 자쾌 같은 환란을 당하게 하는 것이다.

　명군은 자기 스스로 신하를 발탁하지 않고, 신하들이 서로 들어오려고 애쓰도록 한다. 또 군주가 공을 거두려 애쓰지 않고도 신하들이 스스로 공을 세우도록 한다. 임무를 맡기려고 할 때는 의논하여 시험하고 결과에 나타난 공적으로 정한다. 그러므로 신하들은 사심 없이 공정하게 현자를 숨기지 않고, 불초한 자는 벼슬에 나가지 못한다. 그리하면 군주들이 현명한 신하를 뽑는 일이 어찌 고생스럽겠는가.

　경공이 백승의 가록을 내렸다고 해서 재물을 절약하라는 것으로 말하였다. 이는 경공에게 법술을 가지고 부유함과 사치를 깨닫도록 한 것이 아니다. 홀로 위에서 절약한다고 가난을 면할 수는 없다. 어떤 군주가 천 리나 되는 영토에서 나는 것으로 배를 채운다면 비록 걸왕이나 주왕이라 해도 이보다 더 사치스럽지 않을 것이다. 제나라는 사방 삼천리나 되는데 환공은 그 절반을 자신이 사는 데 썼으니 이는 걸이나 주보다 더 사치스럽다.

　그런데도 능히 오패 가운데 으뜸이 될 수 있었던 것은 사치할 때와 검약할 때를 알았기 때문이다. 군주가 되어서 신하를 제압하지 못하고 자신을 억누르는 것을 가리켜 협박받는다(劫)고 하고, 신하를 바로잡지 못하면서 자신을 바로잡는 것을 가리켜 어지러워진다(難)고 하며, 신하를 절약하게 하지 못하면서 자신이 절약하는 것을 가리켜 가난하다(貧)고 한다.

　명군은 사사로움이 없는 사람을 쓰고, 속여서 자리를 얻는 것을 금한다. 일에 진력하고, 이익을 군주에게 돌리는 자의 말은 반드시 듣고, 이런 자에겐 반드시 상을 주며, 부정하게 사욕을 부린 자는 반드시 적발하고, 알면 반드시 처벌한다. 그러므로 충신은 공적인 일에 정성을 다하고, 백성과 선비는 집안일에 힘을 다하며, 백관들은 조정 일에 부지런한다. 경공보다 배로 사치스럽다 하더라도 나라의 환란은 아니다. 그러니 재물을 절약하라고 설득하는 것은 급하지 않다.

세 군주에게 한 대답은 한마디로 '환란을 당하지 않으려면 아랫사람을 잘 알아야 한다.'는 것이다. 이렇게 아랫사람을 잘 알게 되면 일이 미세할 때 통제할 수 있고, 미세할 때 통제하면 악이 쌓일 수 없으며, 악이 쌓이지 않으면 역심도 일어나지 않는다. 또 아랫사람들의 일을 잘 알게 되면 공과 사를 분명하게 구별할 수 있고, 공과 사의 구별이 분명하면 붕당들이 흩어지며, 붕당이 흩어지면 밖으로 가로막거나 안으로 붕당을 이룰 걱정이 없어진다. 또 아랫사람 일을 잘 알게 되면 보는 눈이 맑아지고, 보는 눈이 맑아지면 처벌과 포상이 명확해지며, 처벌과 포상이 명확해지면 나라는 가난해지지 않는다.

그러므로 한마디 대답으로 삼공이 환란을 당하지 않게 하려면 '아랫사람의 일을 잘 알아야 한다.'고 일러주면 될 일이었다.

4.

군주의 무기
法法·術術·세勢

한비자의 군주 통치학을 떠받치는 세 개의 요체는 '법(法)·술(術)·세(勢)'이다. 법은 규율과 규칙, 술은 눈에 보이지 않는 내면적 통치 기술, 세는 높은 지위와 무거운 권세처럼 표면적으로 작동되는 힘이다.

법은 군주들이 발을 딛고 서 있어야 하는 단단한 토양이고, 마시는 공기이며, 먹고 마시는 음식과 같은 것이다. 그 자체가 지지대이며, 영양분이기도 하다.

세는 군주가 앉아있는 높은 자리, 걸치고 있는 옷과 같은 외양을 꾸며주는 것이다. 왕의 옷을 입고 높은 자리에 앉아 있는 것만으로 사람들은 그가 누구인지 얼굴이 보이지 않아도 멀리서부터 허리를 숙인다. 자리가 갖는 힘이다.

법과 세에 기대있어도 술이 없으면 군주의 일은 제대로 돌아가지 않는다. 술이란 일을 추진하는 역량과 요령 있게 일을 배치하는 기술, 사람에게 일을 시키는 기술 등이다. 눈에 보이지 않는 내부적 역량이지만 군주가 가진 술의 능력에 따라 정치의 품질이 달라진다.

법·술·세를 자동차에 비유하자면, 법은 에너지, 세는 차의 외관, 술은 엔진과 같은 것이다. 승용차도 좋은 차엔 눈길도 더 가고 사람들도 조심하며 다룬다. 또 같은 차종에 똑같은 기름을 넣고 달려도 주행 품질이 달라지는 건 엔진의 성능 때문이다. 법과 세는 타인의 도움과 힘을 빌려서 활용할 수 있지만, 술은 '군주의 개인기'다. 편차가 클 수밖에 없다.

우리는 한비자의 법·술·세를 논할 때 꼭 짚고 넘어가야 하는 부분이 있다.

한비자는 법을 가장 중시한다. 관중은 "법이란 천하의 지극한 도(道)"라고 했다. 한비자의 법도 역시 정치의 '도'이다. 그는 "법은 물과 같다."고 했다. 물 밑은 울퉁불퉁하고 깊은 곳과 얕은 곳이 있지만 표면은 평평한 것처럼 모든 차이를 메우고 평평해지는 것. 그리고 계속 흘러가는 것이다. 멈춘 것이 아니라 흐른다는 데에 중점을 둬야 한다. 시대가 변하면 그에 따라 유연하게 변해야 하는 것이라는 말이다. 나는 한비자의 이런 도로써의 법에 대한 생각을 매우 좋아한다. '법과 도'의 문제는 V부에서 다시 논한다.

그런데 한비자의 법은 요즘 우리가 생각하는 법치주의의 법이 아니다. 한비자의 법도 모두에게 평등하나 딱 한 사람만은 예외다. 왕은 법에 관한 한 권리만 있고, 의무는 없다. 법이 움직이도록 하는 동력은 상과 벌인데, 이는 모두 왕이 독점해야만 하는 것이다. '한비자의 법'이란 '왕의 권력'을 행사하기 위한 장치이다.

따라서 그의 법에 대한 논의는 상당히 주의해서 볼 필요가 있다. 물론 한비자의 법도 법이어서 그가 권하는 '법의 운용 기법'에는 상당한 통찰이 담겨 있다. 그러니 걸러낼 건 걸러내고, 취할 것만 취해야 한다.

한비자는 술과 세도 중시한다. 그리고 술도 세도 결국 법과 만나야 한다고 설파한다. 법을 펴는 중요한 수단인 셈이다. 하지만 법이 법치주의의 법이 아닌 왕의 권력 수단이었다는 점에서, 왕의 권력을 실현시키는 '술'의 경우 냉혹하고 잔인한 방법을 권하는 경우도 나온다. 예를 들어 '은자'(隱者)로 행세하면서 명성을 쌓는 선비들을 쓸모없는 인간으로 보면서, 태공망 여상이 제나라 제후로 취임한 후 은자로 유명했던 선비들을 처형한 사례를 들어 이런 부류의 인간은 왕의 권력에 도전할 수 있으니 미리 제거해야 한다는 식의 논의를 펴는 것이 그렇다.

이런 점에서 술을 정치공학적으로 접근하고, 그 내용을 액면 그대로 이용하면 기만술과 인간조종술로 엇나갈 위험이 있다는 것이다. 그래서 한비자 법·술·세는 현대의 정치에도 참고할 만한 부분이 많지만, 상당히 깊은 성찰과 현대적 가치와의 조화를 따지지 않으면 위험해질 수 있다는 걸 생각하고 고민하면서 들여다봐야 한다.

1. 법은 공익을 세운다

군신이심(君臣異心)이라는 말이 있다. 군주와 신하는 서로 품은 마음의 기원이 다르다는 말이다. 우리나라 공무원 사회도 '늘공'(늘 공무원)과 '어공'(어쩌다 공무원)이 있다. 늘공은 공무원 시험을 치른 직업공무원이다. 혹자는 이들의 속성을 '바람이 불면 갈대처럼 몸을 누이고, 바람이 지나가면 다시 일어난다.'라고 표현하기도 한다.

늘공은 어느 정권이 들어와도 정권의 사람이 아니라 그냥 공무원인 것이다. 어느 정권이나 정권과 부침을 함께 하는 어공들이 늘공에게 어떻게 일을 시킬 것인가는 늘 문제다. 지나가는 정권이 마음에 들지 않으면, 그들은 갈대처럼 누워만 있으면서 시간이 지나기를 기다릴 수도 있기 때문이다. 한비자는 서로 이해관계가 다른 군신이 서로 계산을 잘 맞추어야 나라를 안정시키고 발전시킬 수 있다고 보았다. 그리고 계산을 맞추는 방법으로 '법'에 대해 말한다.

관리들에겐 사심도 있고 공익적 동기도 있다.

몸가짐을 바르게 하고 결백하고 공정하게 행동하며 관직에 나가 사심없이 일하는 것이 신하들의 공익적 동기이다.

욕망을 쫓아 부정한 일을 저지르고 제 몸의 안위와 집안의 이익을 도모하는 것이 신하들의 사심이다.

군주와 신하의 이익은 서로 다르다. 신하에겐 나라의 이익을 위해 너무 열심히 일해서 제 몸이 상하는 건 이익이 아니지만, 군주는 신하의 이익을 위해 나라의 이익을 포기하는 것을 원치 않는다. 이렇게 두 마음이 서로 다르면 일은 되지 않는다. 둘의 이익을 맞춰야 한다.

관리들이 공익적 동기를 실행하도록 할 것인지, 사심대로 행동하도록 할 것인지는 군주하기 나름이다. 명군은 공익성을 행하도록 하고, 어지러운 군주는 사심이 넘치도록 한다.

공익적 행동을 하게 하려면 명군의 방식을 따라야 한다. 즉 상과 벌을 공정하고 명백하게 세우고 시행하는 것. 바꿔 말하면 공정한 인사와 투명한 인센티브가 보장돼야 하는 것이다. 〈한비자, 남면〉

군주는 관리들에게 요행으로 '충성'을 기대해선 안 된다. 스스로 요임금이 되려고 각성하지 못하고, 신하에게만 오자서가 되라고 다그쳐봐야 소용없다. 군주가 인사권을 행할 때, 나라를 안정시키는 기술(安術)을 펴는 것 외에는 답이 없다. 이는 반드시 법에 따르는 것이다. 〈한비자, 안위〉

안술은 다음과 같다.
①반드시 잘잘못을 가려 상벌(인센티브와 페널티)을 주는 것
②부하 직원들의 유능함과 무능함을 가리는 데에 애증의 감정을 개입하지 않는 것.
③어리석음과 지혜로움을 판단할 때 비방과 칭찬에 근거하지 않는 것.
④일정한 잣대를 기준으로 삼고, 임의로 헤아리지 않는 것.
⑤신의를 지키고 속이지 않는 것.

"군주를 높이고 나라를 안정되게 하는 자는 반드시 인의(仁義)와 지혜와 능력을 다해 힘쓴다고 한다."고 한다. 그러나 군주를 낮추고 나라를 위태롭게 하는 자도 반드시 인의와 지혜와 능력을 다 쏟아 붓는다. 그러므로 도를 터득한 군주라면 인의를 멀리하고 개인적인 지혜와 능력에 기대지 않고 법을 따라야 한다. 〈한비자, 설의〉

2. 세(勢)를 얻은 군주의 성공법

법가에서 '세'를 중시한 사람은 신도이다.

신도는 "현명한 사람이 어리석은 자에게 머리를 굽히는 것은 권세가 가볍고 지위가 낮기 때문이며, 어리석은 자가 현명한 사람을 복종시키는 것은 권세가 무겁고 지위가 높아서"라고 했다.

현대의 대통령, 재벌의 회장이라는 지위도 '세'에 속하는 것이다. 이런 위치에 올라 있다면 통치를 할 수 있는 외적 조건은 충족된 것이다. 그렇다면 이 세를 활용해 어떻게 통치를 완성시킬 것인가. 〈한비자〉 '공명'편은 세의 기능과 작동원리를 설명하고 있다.

명군이 공을 세우고 이름을 드높이는 데 필요한 것은 네 가지가 있다. 하나는 천시(天時), 둘은 인심(人心), 셋은 기능(技能, 좋은 능력과 재주), 넷은 세위(勢位, 실질적 정치권력과 지위)다.

천시를 어기면 요임금이 열이라도 겨울에는 벼이삭을 나게 할 수 없다. 인심을 역행하면 비록 용맹한 전사 맹분과 하육이라 해도 힘을 쓸 수 없게 된다. 그러므로 천시를 얻으면 일하지 않아도 저절로 생겨나고, 인심을 얻으면 재촉하지 않아도 스스로 부지런히 일한다.

일하는 데에 재능이 있으면 서두르지 않아도 저절로 빨리 되고, 세위를 얻으면 앞서 나가지 않아도 명성이 이루어진다. 이는 마치 물은 흐르고 배는 뜨는 것과 같은 것이다. 자연의 도를 지키고, 법령(令)은 궁색하지 않으니 이런 사람을 일러 명군이라고 한다.

높은 산 나무는 높은 곳에 자리 잡았기에 아래가 보인다

대체로 재능은 있지만 세(勢)가 없으면, 비록 현명한 사람이라도 못나고 어리석은(不肖) 자들을 바로잡을 수 없다. 한 자밖에 안 되는 나무라도 높은 산 정상에 세우면 천 길의 깊은 골짜기로 아래를 내려다볼 수 있는데, 그것은 나무의 키가 커서가 아니라 높은 곳에 자리 잡았기 때문이다.

걸이 천자가 되어 천하를 제어할 수 있었던 것은 현명해서가 아니라 세가 크고 중했기 때문이다. 요임금이 필부라면 세 집안도 바로 잡을 수 없었을 것이다. 그것은 못나고 어리석어서가 아니라 지위가 낮아서이다.

천균이나 되는 무게도 배를 얻으면 뜰 수 있지만 치수(좁쌀을 세는 작은 단위)의 물건도 배를 잃으면 가라앉는다. 천균이 가볍거나 치수가 무거워서가 아니라 세가 있느냐와 없느냐의 차이다. 짧은 것이 높은 데에서 내려다보는 것은 위치 때문이며, 불초한 자가 현명한 사람을 억누르는 것은 세 때문이다.

군주는 천하가 힘을 하나로 모아 함께 추대하므로 안정돼 있으며, 많은 사람들이 한 마음으로 추대하였으므로 존중받는 것이다. 신하들은 가진 장점을 인정받아 능력을 발휘할 수 있으며, 이를 '충'이라 한다. 존엄한 군주 자리에서 충신들을 이끈다면 길고 즐겁게 살면서 공명을 이룰 수 있다. 명목과 실질이 서로 지지해주며 이루고, 형체와 그림자가 서로 상응하여 확립되는 것으로, 이처럼 신하와 군주는 같은 것을 바라면서 다른 자리에서 일하는 것이다.

주변의 도움이 있어야 공을 세울 수 있다

군주의 근심은 하고자 하는 일에 응해주는 사람이 없다는 데에 있다. 한 손이 홀로 손뼉을 치면 아무리 빨라도 소리가 나지 않는 것과 같다. 신하들의 근심은 한 가지만 할 수 없다는 데에 있다. 오른손으로 원을 그리고, 왼손으로 네모를 그리면 둘 다 완성할 수 없는 것과 같은 것이다. 그래서 나라를 안정시키려면 군주는 북채와 같고 신하는 북과 같아야 한다고 했다. 또 재능이 수레라면 업무는 말과 같은 것이다.

그러므로 여력이 있으면 응하기 쉽고, 남는 재주가 있으면 일하는 데에 편하다. 하지만 공을 세우려는 자는 힘이 부족하고, 친근한 자는 믿음이 부족하고, 명성을 얻으려는 자는 세가 부족하며, 가까이 있는 사람과 친해도 멀리 있는 사람과 연결되지 않으면 명목과 실질이 서로 맞지 않는 것이다. 성인도 요순의 덕으로 백이처럼 행동해도 세속에 지위가 없으면 공을 세우지 못하고 명성도 따르지 않는다.

옛날에 공과 명성을 다 이뤘던 사람들은 많은 사람들이 힘을 모아 도왔고, 가까운 사람들이 결속하고 멀리 있는 사람들이 명성을 칭찬하고 신분이 높은 사람이 세(권력)를 실어주어서 가능했다. 이렇게 해서 태산 같은 공을 나라에 길이 세우고, 해와 달처럼 빛나는 이름을 천지에 길이 남길 수 있었던 것이다. 이렇게 해서 요임금이 왕의 자리에 앉아(南面) 명성을 지킬 수 있었고, 순임금이 신하의 자리에 있을 때 공을 세울 수 있었던 것이다.

3. 중간 자질의 군주가 사는 법

세종대왕과 같은 위대한 왕은 천년에 한 번 나온다. 그렇다고 치국을 꿈꾸며 천년간 성군을 기다릴 수는 없다. 세는 원래 법가 정치인인 신도가 중시한 개념이다. 그러나 권세를 얻은 자가 어지러운 자일 경우엔 난국이 펼쳐진다는 우려의 반론이 있다. 한비자는 이러한 반론을 재반론하면서 중간질 정도의 자질을 가진 군주가 치국을 이룰 수 있는 요건으로 '법'을 활용하면 된다고 제시한다. 〈난세〉(難勢)편은 세를 둘러싼 논란을 정리하고 있다.

"하늘을 나는 용은 구름을 타고, 오르는 뱀은 안개 속에서 논다. 구름이 파하고 안개가 개면, 용과 뱀은 지렁이나 개미와 같아진다. 의탁할 데를 잃었기 때문이다. 그러므로 현인이면서 어리석은 자에게 굽히는 것은 권세가 가볍고 지위가 낮기 때문이다. 어리석은 자이면서 능히 현인을 복종시키는 것은 권세가 무겁고 지위가 높기 때문이다. 요가 필부라면 능히 세 사람도 다스릴 수 없었으며, 걸은 천자였기 때문에 천하를 어지럽힐 수 있었다. 나는 이로써 세나 지위는 유지하기에 충분하며 현명함과 지혜로움은 우러르기에 부족하다는 것을 알았다. 현명함과 지혜로움은 민중을 복종시키기에 부족하며 권세 있는 자리는 현자를 굽히도록 하기에 충분하다." (신도)

신도에 대한 혹자의 반론

용과 뱀이 구름과 안개의 세에 의탁할 수 없다고는 생각하지 않는다. 그러나 현자의 도움 없이 오직 세에만 의존하면 잘 다스릴 수 있겠는가. 구름이나 안개도 잘 타고 놀 수 있다는 것은 용과 뱀의 재능이 뛰어나기 때문이다. 지금 구름이 성해도 지렁이는 능히 탈 수 없고, 안개가 짙어도 개미는 능히 놀 수 없다.

지금 천하의 폭군인 걸과 주가 천자의 위세를 얻은 탓에 천하가 대란을 면치 못한 것은 그들의 자질이 낮기 때문이다. 또한 요 임금이 권세를 가지고 천하를 다스린다 하여도 그 권세란 것이 걸의 권세로 천하를 어지럽힌 것과 어떻게 다른가.

그리고 세란 것은 반드시 현자만 쓰도록 하고, 어리석은 자들은 쓰지 못하게 할 수 있는 것이 아니다. 현자가 쓰면 천하가 다스려지고, 어리석은 자가 그것을 쓰면 천하가 어지러워진다. 사람의 성정을 보면 현자는 적고 어리석은 자는 많다. 그래서 위세라는 이기를 가지고 세상을 어지럽히는 어리석은 자를 도우면, 세를 가지고 천하를 어지럽히는 자가 많아질 것이며, 세를 가지고 천하를 다스리는 자는 적을 것이다.

대처 세란 것은 다스리는 데 편리하지만 어지럽히는 데에도 유리한 것이다. 그러므로 주서에 이르기를 "호랑이를 위하여 날개를 달지 말라. 장차 날아서 고을에 들어가 사람을 잡아 먹으려 할 것이다."라고 하였다.

어리석은 자에게 세를 타게 하는 것은 호랑이를 위하여 날개를 달아주는 것이 된다. 걸과 주는 높은 집과 깊은 연못을 만들어 민력을 고갈시키고 포락 형을 만들어 백성의 생명을 손상시켰다. 걸과 주가 나쁜 짓을 해낼 수 있었던 것은 남면하는 위세가 날개가 되었기 때문이다. 만약에 걸과 주가 필부였다면 그들이 했던 행동 하나도 미처 시작해보지 못하고 자신이 죽는 형벌에 처해졌을 것이다. 세란 것은 호랑이와 늑대 같은 마음을 길러서 난폭한 일을 이루게 하는 것이다. 이것이 천하의 큰 우환이다.

세란 치와 난에 있어 본래 정해진 자리가 있는 것이 아니다. 그런데 이르기를 오로지 세만이 천하를 족히 다스릴 수 있다고 하는 것은 그 지혜가 이르는 데가 얕은 것이다. 아무리 좋은 말과 단단한 수레일지라도 만일 노예로 하여금 그것을 부리도록 하면 남의 웃음거리가 되지만 왕량이 부리면 하루에 천리를 달릴 것이다. 수레와 말은 다르지 않아도 혹자는 천리에 이르고 혹자는 남의 웃음거리가 된다. 이는 현명과 어리석음의 차이가 크기 때문이다. 도대체 빠른 것을 쫓고 먼 데에 이르려고 하면서 왕량에게 맡길 줄 모르며 이익을 늘리고 해를 물리치려고 하면서 현능을 임용할 줄 모른다면, 그 자체가 우환이다.

한비자의 재반론

사람은 세로써 족히 관리를 다스릴 수 있다고 생각한다. 그대는 반드시 현인을 기다려야 다스려진다고 말하고 있으나 그렇지 않다. 세란 것은 명칭은 하나이지만 변화는 수없이 많다. 내가 논하는 세는 사람이 설정한 것을 말한다. 지금 말하기를 "요와 순이 세를 얻어 다스리고 걸과 주가 세를 얻어 어지럽혔다."고 한다.

"요와 순이 태어나면서 군주 자리에 있었다면 비록 걸과 주가 열 있을지라도 어지럽힐 수 없다."고 하는 것은 바로 '세가 다스려지게 되어 있기 때문'이다. "걸과 주도 역시 태어나면서 군주자리에 있었다면 비록 요와 순이 열 명이 있을지라도 역시 다스릴 수 없다."고 하는 것은 바로 '세가 어지럽히게 되어 있기 때문'이다.

그러므로 말하기를 "세가 다스려지게 되어 있는 경우라면 가히 어지럽힐 수 없으며, 세가 어지럽히게 되어 있는 경우라면 가히 다스릴 수 없다."라고 한다. 이것은 자연의 세이며 사람이 설정해낸 것은 아니다. 나는 사람이 설정해낸 세를 말할 따름이다.

왜 이렇게 말하는가. 예를 들어 보자. 창과 방패를 파는 자가 있다. 그는 방패가 단단하다고 자랑하며 어떤 물건도 뚫을 수가 없다고 한다. 그러다 갑자기 창은 매우 날카로워 어떤 물건도 뚫지 못할 것이 없다고 하였다. 누군가 "너의 창을 가지고 너의 방패를 뚫는다면 어떻겠는가." 하였다. 그 사람은 응답할 수 없었다. 뚫을 수 없는 방패와 뚫지 못할 것이 없는 창은 명목상 양립할 수 없다고 생각된다.

도대체 현인의 도는 억누를 수 없으며, 권세의 도는 억누르지 못할 것이 없다. 억누를 수 없는 현명함과 억누르지 못할 것이 없는 세를 놓고 양립시키려는 것이 바로 창과 방패의 논리다. 대저 현인과 권세가 서로 대립할 수 있다는 것 또한 분명한 일이다.

또한 저 요순이나 걸주는 천년 만에 한 번 나온다. 한데 세상의 통치자는 중질 정도에서 끊이지 않는다. 내가 논하려 하는 세는 중질 정도다. 중질 정도란 것은 위로 요순에 미치지 못하지만 아래로 걸주는 되지 않는다. 법을 지키고 세의 자리에 있으면 다스려지고, 법을 어기고 세의 자리를 버리면 어지러워진다.

  만일 세의 자리를 폐기하고 법을 어기면서 요순을 기다려 요순이 나타나면 이내 다스려지지만 이는 천년간 어지러웠다가 한 번 다스려지는 것이 된다. 법을 지키고 세의 자리에 있으면서 걸주를 기다려 걸주가 나타나면 이내 어지러워지지만 이는 천년 다스려졌다가 한 번 어지러워지는 것이 된다.

  도대체 바로잡는 법을 폐기하고 길이를 재는 자의 치수를 버린다면 해중으로 하여금 수레를 만들게 하여도 바퀴 하나를 완성할 수 없을 것이다. 포상과 형벌의 위엄도 없이 세의 자리만 놓아두고 법을 버린다면, 요순이 집집마다 설득하고 사람마다 타일러도 세 집조차 다스릴 수 없을 것이다. 세가 족히 유용하다는 것은 분명하다. 그런데도 반드시 현자를 기다려야 된다고 말하는 이유는 무엇인가.

  도대체 백일 동안 먹지 않고 좋은 쌀과 맛있는 고기를 기다린다면 굶은 자가 살지 못한다. 만약 요순 같은 현자를 기다려서 지금 세상의 백성을 다스리려 한다면 이는 마치 좋은 쌀과 맛있는 고기를 기다리느라 굶주림을 구하는 것과 같다.

  대저 좋은 말과 단단한 수레라도 노예가 그것을 부리면 남의 웃음거리가 되지만 왕량이 그것을 부리면 하루에 천리를 달린다고 말하였으나 나는 그렇게 생각하지 않는다. 저 월나라 사람 중에 헤엄 잘 치는 자를 기다려서 중원의 물에 빠진 사람을 구한다면 월나라 사람이 아무리 헤엄을 잘 친다 하더라도 물에 빠진 자를 구제하지 못할 것이다. 도대체 옛날의 왕량을 기다려서 지금의 말을 부린다고 함은 역시 월나라 사람이 물에 빠진 자를 구한다는 것과 마찬가지라는 말이다.

  이렇게 하면 될 일이다. 좋은 말과 단단한 수레를 오십 리마다 한 대씩 두고 중질의 마부로 하여금 그것을 부리도록 하면 빠른 것을 쫓고 먼 데에 이르고자 하는 것을 가히 이룰 수 있어 하루에 천리에 이를 것이다. 어찌 반드시 옛날의 왕량을 기다려야 되겠는가.

  말을 부리는 데 왕량을 시키지 않으면 반드시 노예를 시켜 실패할 것이며, 나라를 다스리는 데 요순을 시키지 않으면 반드시 걸주를 시켜 어지럽힐 것이라는 말은, 엿과 꿀이 아니면 반드시 고들빼기나 쓴 미나리와 같다고 하는 것과 어떻게 다른가. 이것은 말을 거듭하여 논리에서 벗어나 타당성을 잃은 양극단의 논의다.

4. 술(術)이 없으면 군주는 속는다

한비자는 '술은 군주의 기술, 법은 관리의 모범'으로 엄격히 구별한다. "군주에게 술이 없으면 윗자리에 앉아서 눈이 가려지고, 신하에게 법이 없으면 아래에서 어지러워진다."고 경고한다.

술은 신불해의 대표적인 사상이다. 신불해는 한(韓)나라 법가 정치인으로 소후 시절에 한나라 변법을 이끌었던 인물이다. 한비자는 술만으로는 부족하고, 법만으로도 부족하다며 둘의 결합을 주장한다. '정법' 편에선 한비자가 누군가와의 문답 형식으로 술과 법에 대해 이야기한다.

Q 신불해와 공손앙, 두 사람의 말 중 어느 쪽이 나라를 위해 더 긴요한가.

A 그것은 측정할 수 없다. 사람이 먹지 않으면 열흘이면 죽는다. 큰 추위에 옷을 입지 않아도 역시 죽는다. 옷과 먹을 것 중 어느 것이 사람에게 더 긴요하냐고 한다면, 이는 하나도 없으면 안 된다고 할 수밖에 없다. 이는 살기 위해 반드시 필요한 도구일 뿐이다.

　신불해는 술을 말했고, 공손앙(진나라 효공 당시 재상으로 변법을 이끌어 재나라의 부국강병을 이룬 법가 정치인)은 법을 주장한다. 술이란 담당할 힘에 맞추어 관직을 주고, 명분에 따라 실적을 추궁하며, 살생하는 권병을 손에 들고 여러 신하들의 능력을 시험하는 것이다. 이것은 반드시 군주가 장악해야 하는 것이다.

법이란 내건 명령이 법전에 명시되고, 형벌은 반드시 백성의 마음속에 새겨지며, 상은 법을 섬기는 자에게 주고, 벌은 명령을 어기는 자에게 가해지는 것이다. 이것은 신하가 모범으로 삼을 바이다.

군주에게 술이 없으면 윗자리에서 눈이 가려지고, 신하에게 법이 없으면 아래에서 어지러워진다. 이것은 하나도 없으면 안 되는, 제왕이 갖춰야 하는 조건들이다.

Q 다만 술만 있고 법이 없거나, 다만 법만 있고 술이 없으면 옳지 않다고 하는데 왜 그러한가.

A 신불해는 한나라 소후의 보좌역이었다. 한은 진(晉)에서 갈라져 나온 나라다. 진의 옛 법이 아직 폐지되지 않았는데 한의 새 법이 또 나오고, 먼저 군주의 명령을 거두어들이지 못했는데 나중 군주의 명령이 또 내려지는 상태였다. 신불해 당시에는 법을 관장하지 못하고 내걸 명령을 하나로 정하지 못하여 간악한 자가 많았다.

그래서 옛 법과 먼저 명령이 자기 이익에 맞으면 그것을 따르고, 새 법과 나중 명령이 더 이익이면 그것을 따랐다. 이익은 옛것과 새것이 상반되고 먼저 것과 나중 것이 서로 엇갈려서 신불해가 열 번이나 소후에게 술을 쓰도록 했지만 간악한 신하들은 오히려 그 말을 속일 데가 있었던 것이다. 그러므로 신불해가 만승의 강국 한에 십칠 년이나 몸을 의탁하면서도 패왕에 이르도록 하지 못한 것은 비록 군주에게 술을 쓰게 했지만 관리들 사이에 법을 힘써 지키게 하지 못한 재앙이다.

공손앙의 경우를 보자. 공손앙이 진을 다스릴 때 고좌법을 세워 실상을 추궁하고, 십오를 연좌시켜 죄를 함께 물었다. 상은 후하게 틀림없이 주고, 형은 무겁고 확실하게 하였다. 이런 까닭에 백성이 일하여 지치더라도 쉬지 않았고 적과 싸워 위태롭더라도 물러서지 않았다. 때문에 나라가 부유하고 군대가 강해졌다.

그러나 술로써 간신을 알아내지 못하였기 때문에 그 부강은 신하에게 도움을 줄 따름이었다. 효공과 상군이 죽고 혜왕이 즉위하자 진의 법이 아직 폐지되지 않았는데도 장의(종횡가로 연횡을 이끈 정치가)가 진을 발판으로 하여 한과 위로부터 이득을 취하였다. 혜왕이 죽고 무왕이 즉위하자 감무가 진을 발판으로 주로부터 이득을 취하였다. 무왕이 죽고 소양왕이 즉위하자 양후가 한·위를 넘어서 동쪽으로 제를 공격하여 오년이 되도록 진은 적토의 땅 불어나지 않았으나 그는 그 봉지 도읍에 성을 쌓았다. 응후도 한을 공격하여 팔 년 만에 그 봉지 여남에 성을 쌓았다. 이로부터 계속 등용된 여러 사람은 모두 응후나 양후 같은 부류였다.

이처럼 싸워 이기면 대신들이 높여지고 땅이 불어나면 개인 봉지만 선다는 것은 군주가 술을 가지고 간신을 알아내지 못하였기 때문이다. 상군이 비록 법을 열 번을 고쳐 바로 잡더라도 신하들은 도리어 자기 밑천으로 활용하였다. 그러므로 강한 진의 발판을 타고서도 수십 년이 되도록 제왕에 이르지 못한 것은 비록 관리에게 법을 힘써 지키게 하더라도 군주가 위에서 술을 쓰지 못한 재앙 때문이다.

Q 군주가 신불해의 술을 쓰고 관리가 상군의 법을 행하면 되는 것인가.
A 신불해도 술에 있어 미진했고, 공손앙도 법에 있어 미진했다. 신불해

는 "일을 처리할 때 월권하지 않으며 비록 알더라도 말하지 말라."고 하였다. 일 처리에 월권하지 않음은 직분을 지키라고 이르는 것으로 좋으나 알더라도 말하지 말라 함은 잘못을 아뢰지 말라는 것이다. 군주는 온 나라의 눈을 빌려서 봄으로서 보다 더 밝게 볼 수 있으며, 온 나라의 귀를 빌려서 들으므로 보다 더 총명할 수 있다. 만일 알더라도 말하지 않으면 군주가 어디서 빌리겠는가.

상군의 법에 이르기를 '적의 머리 한 개를 벤 자에게 작위 한 계급을 올리고 관리가 되기를 원하면 오십 석의 벼슬에 앉히며 머리 두 개를 벤 자에게 작위 두 계급을 올리고 관리가 되기를 원하면 백석의 벼슬에 앉힌다.'고 했다. 관작의 옮김과 머리 벤 공이 서로 걸맞은가.

만일 법에 머리를 벤 자를 대목이나 의원을 시켜주겠다고 한다면, 집이 지어질 것이며 병이 낫겠는가. 대목은 손재주를 가진 자이며, 의원은 약을 짓는 사람이다. 그런데 머리 벤 공을 가지고 그것을 시킨다면 재능에 걸맞지 않은 것이다.

지금 관의 일을 처리하는 것은 머리 쓰는 일이고, 머리 베는 것은 용력이 가해지는 것이다. 힘쓰는 자에게 머리 쓰는 자리를 준다는 것은 바로 머리 벤 공을 가지고 의원이나 대장장이를 만드는 것과 같다. 그러므로 두 사람 모두 완전하지 못하였다고 말하는 것이다.

5. 최고의 '술'은 사람을 보는 안목

사람은 겉모습만 보아서는 판단할 수 없다. 특히 군주의 곁에 모여드는 사람들은 모두 왕의 눈에 훌륭한 태도를 갖고 있다고 하더라도 그 속을 알 수 없는 경우가 허다하다. 이 어려운 걸 알아내고, 사람을 골라 쓸 수 있는 안목이야말로 타고난 최고의 술이라 하겠다. 그러나 이러한 안목은 누구나 타고날 수 없다. 한비자 '설의'편에서 그런 안목을 대신할 술에 대해 살핀다.

나라를 망하게 한 신하들이 있다. 옛날 유호씨의 신하 실도, 환두의 신하 고남, 삼묘의 신하 성구, 걸왕의 신하 후치, 주왕의 신하 승후호 등이다.

이들에겐 모두 특별한 '재능'이 있었다.

옳은 일을 그른 것 같이 말하고, 그른 일을 옳은 것 같이 말하는 재주. 내심은 음험하여 남을 해치면서도 겉은 얌전하여 착해 보이며, 옛 것을 칭송하여 현실의 좋은 일을 못하도록 막고, 그 군주를 마음대로 움직여 정밀한 음모를 성사시키며, 자신이 좋아하는 것으로써 혼란시키는 재주였다.

이들은 왕의 비서였거나 측근들이었다. 지난날의 군주들 중에는 인재를 얻어서 몸이 평안하고 나라가 보존된 이가 있었나 하면, 인재를 얻어서 몸이 위태로워지고 나라가 망한 자도 있다. 인재를 얻은 명목은 같지만 그 이해관계는 서로 크게 다르다.

주활지·정왕손신·진공손녕·의행보·형우·윤신해·수소사·월종간·오왕손락·진양성설·재수조·역아 등 열두 사람의 신하는 모두 소인배의 작은 이득만을 추구하며 법도를 잊고, 나아가서는 현명하고 충실한 사람들을 가로막아 군주의 눈을 가렸고, 뒤에서는 백관들을 쑤석거려 화란을 일으켰다.

모두가 군주를 도와서 그 욕구를 채워주었다. 군주가 조금이라도 좋아할 수 있다면 비록 나라가 부서지고 백성을 죽이더라도 서슴지 않았다. 이런 자들에겐 성왕도 대적하기 어려운데 하물며 어둡고 어지러운 군주가 어찌하겠는가.

신하로서 이와 같은 자가 있다면 군주들은 모두 자신은 죽고 나라가 망하여 천하에 웃음거리가 될 것이다. 그러므로 주 위공은 자신이 죽고 나라가 둘로 갈라졌고, 정 자양은 자신이 죽고 나라가 셋으로 갈라졌으며, 진 영공은 자신이 하징서의 집에서 죽고, 초 영왕도 건계 물가에서 죽었으며, 수는 초에 망하고, 오는 월에게 병합되었으며, 지백은 진양성 아래에서 멸망하고, 환공은 자신이 죽은 뒤 주검을 거두지 못하였다.

아첨하는 신하는 오직 성왕만이 알아차릴 수 있을 뿐이다. 웬만한 눈으로는 이들을 가려낼 수 없다.

실패 없이 사람에게 일을 맡길 수 있는 '술'

사람에게 일을 맡기는 것은 존망과 치란이 갈리는 계기이다. 술 없이 사람에게 맡기면 실패하지 않는 예가 없다. 사람에게 맡긴다 함은 권세를 갖도록 하는 것이다.

지혜롭고 똑똑한 사람이 반드시 믿음이 가는 것은 아니다. 오히려 똑똑해서 그 믿음이 헷갈린다. 그가 계략을 써서 권세를 타는 발판을 딛고 사욕을 취한다면 군주는 속을 수밖에 없다.

지혜로운 자를 믿을 수 없다 하여 단정하고 청렴한 자에게 일을 재단하도록 시킨다. 그런 자들은 자신이 결백하다는 것만으로 지혜를 대신하려 한다.

청렴하나 어리석은 자들. 그들에게 일을 다스리는 자리를 맡기면 그들의 우매한 방식으로 일을 처리하여 반드시 어지러워질 것이다. 그러므로 술 없이 사람을 쓸 경우, 지혜가 있다고 맡기면 군주가 속고, 단정하다고 맡기면 일이 어려워진다. 이것은 술이 없어서 생기는 재난이다.

현명한 군주의 도는 먼저 천한 자가 귀한 자를 비방할 수 있게 하고, 아랫사람도 반드시 윗사람과 연좌시키며, 사실 판결에 증거를 대도록 하고, 문호 없이 들어줌으로써 지혜 있는 자가 사기를 칠 수 없는 환경을 만들어 놓아야 한다.

공적을 헤아려 상을 주고 능력을 보아서 일을 맡기며, 발단을 살펴서 그 실패를 알아차리고 잘못 있는 자를 처벌하며, 능력 있는 자에게 맡기고, 어리석은 자가 일을 맡지 못 하도록 한다. 지혜로운 자가 감히 속이지 못하고, 어리석은 자가 재단할 수 없게 되면 일에 실수가 없을 것이다.

인의(仁義)의 군주는 나라를 망친다

어린 자식에 대한 애정은 어머니보다 앞설 수 없다. 그러나 어린 자식이 잘못을 하면 스승을 따르게 하고, 나쁜 병이 있으면 의원을 섬기도록 한다. 스승을 따르지 않으면 장차 형벌로 떨어지고, 의원을 섬기지 않으면 장차 죽을지도 모른다.

어머니가 아무리 자식을 사랑해도 형벌을 면하거나 죽음을 구하는 데는 도움이 되지 않는다. 자식을 생존케 하는 것은 애정이 아니다. 자식과 어머니의 본성은 애정이고 신하와 군주의 저울질은 계산이다.

어머니가 애정으로 집안을 보존할 수 없는데, 애정이 아닌 계산 관계로 엮인 군주가 어찌 애정으로 나라를 지탱하겠는가. 나라를 보존하는 것은 인의(仁義)가 아니다. 인, 즉 사랑이란 온정을 베풀어 재물을 가볍게 여기는 것이다. 벌은 가벼이 하고 퍼주기를 좋아하는 것이다. 군주의 사랑이 넘치면 아래가 방자해지고, 요행을 바라게 된다.

의는 단호하고 난폭하다. 군주가 난폭하면 마음이 거칠어 처벌을 쉽게 한다. 마음이 거칠면 아래로 증오심을 키우고, 처벌을 쉽게 하면 망살이 사람들에게 가해질 것이다. 증오심이 나타나면 아래가 위를 원망하며, 함부로 처벌하면 백성이 장차 배반할 것이다.

그러므로 인을 주장하는 사랑이 넘치는 군주나 의를 중시하는 난폭한 자는 모두 나라를 망치는 자들이라고 하는 것이다.

군주는 부강해지는 술에 통달해야 바라는 것을 얻어낼 수 있다. 부강케 하는 술은 법령과 금제를 명확히 하고 책모와 계략을 치밀히 하는 것이다. 법령이 명확하면 안에 변란이 일어날 근심이 없으며, 계략에 맞으면 밖에 나가 죽거나 포로가 되는 화가 없을 것이다.

대략 실정 모르는 학자들은 근본이 되는 일에는 힘쓰지 않고 말초의 일만을 좋게 여겨 공허한 성인의 말로써 백성을 기쁘게 하는 줄 알고 있다. 현명한 군주는 가려서 들을 줄 알아야 한다. 사려를 다 짜내어 이해득실을 헤아리기란 지혜 있는 자라도 하기가 어려운 것이며, 생각을 전혀 하지 않고 앞의 말을 붙들어 뒤의 성과를 구하기란 어리석은 자라도 하기가 쉬운 것이다. 현명한 군주는 어리석은 자도 쉬운 것을 생각하지 지혜로운 자도 어려운 것을 추구하지 않는다. 그러므로 지려와 노력을 쓰지 않아도 나라가 다스려지는 것이다.

나라 다스림에 있어 옳고 그름을 술로써 판단하지 않고 총애하는 사람에게 결정을 맡기면, 신하들이 군주를 가볍게 보고 총애하는 사람을 중히 여길 것이다. 군주가 몸소 보고 듣지 않고 결정권이 아래에 있게 되면 군주는 '손님' 같은 신세가 될 것이다.

요즘 세태는 신하가 제멋대로 하면 의로운 '임협'이라 하고, 군주가 제멋대로 하면 '난행'이라고 말한다. 신하가 위를 업신여기면 장하다고 말하고, 군주가 아래를 업신여기면 사납다고 말한다. 실제로 행위는 같으나 아래는 그것으로 칭찬받고, 위는 그것으로 비난당하며 신하는 크게 득이 되나 군주는 크게 잃는다.

현명한 군주의 나라에는 귀신(貴臣)은 있어도 중신(重臣)은 없다. 귀신이란 작위가 높고 관직이 큰 자다. 중신이란 제 마음대로 일을 만들 수 있고, 붕당을 조성해 세력이 많은 자를 말한다. 현명한 군주의 나라에서는 자리를 옮기거나 직급을 돌리거나 관작을 공적에 맞추어 하므로 귀신이 있는 것이다. 말을 하면 실행했는지 확인하고, 거짓이 있으면 지위고하를 막론하고 반드시 처벌하므로 중신이 없는 것이다.

> 네 마리 말이 이끄는 수레를 잘 모는 기술로 유명한 조보가 밭을 매다가 어떤 부자가 수레를 타고 지나가는 것을 보았는데 말이 놀랐는지 가지 않았다. 그러자 그 아들이 내려서 말을 끌고 아버지도 내려서 수레를 밀었다. 그러고는 조보에게 수레 미는 것을 도와달라고 청했다.
> 조보는 농기구를 거두어들여 하던 일을 멈추고 수레에 실은 뒤 그 부자에게 타도록 했다. 이내 고삐를 졸라매 잡아당기고 채찍을 들었는데, 미처 그것을 쓰기도 전에 말들이 일제히 달리기 시작했다.
> 조보에게 말을 부리도록 하지 않았다면 비록 힘을 다 쓰고 몸이 수고해 그를 도와 수레를 민다 해도 말을 달리게 하지 못했을 것이다. 지금 몸은 편히 하고, 수레에 짐을 싣고 사람들에게 덕을 베풀 수 있었던 것은 말을 잘 몰 수 있는 기술이 있어서였다.
> 나라(國)는 군주의 수레와 같으며, 세(勢)는 군주의 말이다. 술(術)이 없이 말을 부리면 몸은 비록 지쳐도 혼란을 면할 수 없다. 술을 가지고 다스리면 몸은 편안한 곳에 두고도 제왕의 공덕을 이룰 수 있다. 〈외저설 우하〉

5.

법과 도

한비자의 법은 지금 시대의 법치주의의 법이 아니라고 했다. 한비자 시대의 법은 상과 벌, 즉 인센티브와 패널티를 통해 사람들의 행동을 제약하는 것이었다. 당시의 벌은 좀도둑은 발뒤꿈치를 자른다든지 얼굴에 낙인을 찍는 등 신체형이 따랐고, 자칫하면 목을 베는 등 무시무시했다. 상과 벌을 통해 사람들의 행동을 제약하는 이유는 왕의 명령은 반드시 따르고, 만민이 왕의 신하로 충성을 다하게 하기 위해서였다.

이런 점에서 한비자가 말하는 상과 벌의 원칙과 주장을 지금 시대에 재연할 수도 없고, 그런 시도를 해서는 안 된다. 오늘날의 국민들은 신민이 아니라 각자가 주권을 가진 주인이고 각자의 독특성과 자유를 누리는 권리의 주체이기 때문이다. 그래서 한비자의 상당 부분을 차지하는 법에 대한 논의와 주장, 특히 구체적인 시행방법들 중에서는, 지금은 버려야 할 것들이 많다. 그러나 '법'에 대한 한비자의 원초적인 생각, 특히 법을 세상의 '도'로 보는 부분은 지금도 우리에게 법에 대한 많은 영감을 주고 있다는 점에서 살펴볼 필요가 있다.

1. 법의 롤모델은 자연의 원리다

한비자가 말하는 치국, 즉 나라를 안정된 상태로 이끄는 정치의 도는 법술이다. 그리고 법술이 따라야 할 요체는 '자연의 원리' 속에 있다고 설파한다. 이는 순리와 도를 주장하는 도가의 현실적 모델이기도 하다. 그는 '대체'(大體)편에서 자신이 이상적으로 생각하는 법의 모습을 설명한다.

치국의 요령을 깨우친 사람은 하늘과 땅의 높고 낮음을 바라보고, 강과 바다의 흐름을 관찰하며, 산과 골짜기의 이어짐을 생각하고, 해와 달이 번갈아 비추고, 사계절이 운행하며, 구름이 펼쳐지고, 바람이 움직이는 이치를 따랐다. 즉 자연의 이치를 따랐다는 말이다.

　머리를 굴리며 마음을 괴롭히지 않고, 사심으로 몸을 괴롭히지 않으며, 혼란을 다스리는 것을 법술에 의지하고, 시비를 가려 상벌로 다스리며, 경중을 저울로 쟀다.

　그저 완성된 이치를 지키고, 자연을 따랐다. 화와 복은 도와 법으로 생성되는 것이지 애증에서 비롯되는 것이 아니다. 영욕의 책임은 자신에게 있으며 다른 사람에게 있지 않다.

　그러므로 안정된 시대엔 법이 아침이슬처럼 촉촉하고, 순박함을 잃지 않으며, 마음엔 원망이 없고, 입에선 불평이 나오지 않는다. '간략한 것처럼 길게 가는 이익이 없고, 안정보다 긴 복이 없다'는 건 이런 상태다.

　사람의 힘으로는 백성을 길들일 수 없다. 윗사람이 하늘과 같지 않으면 아랫사람을 다 감싸지 못하고, 마음이 땅과 같지 않으면 만물을 다 얹

어놓지 못한다. 인위(人爲)로는 할 수 없는 일이다.

　태산은 돌과 흙에 호오(好惡)를 두지 않아 그 높음을 능히 달성할 수 있었다. 강과 바다는 작은 실개천도 마다하지 않아서 그 넉넉함을 이룰 수 있었다. 그러므로 큰 인물은 천지에 몸을 맡겨 만물을 갖추고, 산과 바다에 마음을 두어 나라를 풍부하게 한다.

　위에 분노의 독기가 없으면 아래가 원한을 쌓는 일도 없다. 위아래가 순박하게 교류하면 도를 집으로 삼을 수 있다. 그러므로 오래 이익을 쌓고, 크게 공은 세우며, 생전에 이름을 날리고, 사후에 덕을 전하니 치(治)가 지극한 상태가 이런 것이다.

2. <도덕경>에서 배우는 제왕학

제왕학의 처세 원칙은 '무위'다. 요즘 정치인들이 '무위'를 연기함으로써 정치에 활용하는 사례는 무수히 많다. 때때로 마음을 비우고, 욕심을 버렸다며 긴 수염을 기르고 나와 TV카메라 앞에서 '자연인 코스프레'를 한다. 그리고 국민들을 위해 희생하는 마음으로 정치에 복귀한다고 선언한다. 무위는 정치인들에게 그만큼 매력적인 처세술이다.

또한 우리 시대는 정의를 추구한다. 정의와 비슷한 동양의 덕목인 '의(義)' 역시 최고위층이 매우 사랑하는 주제다. 그러면서 의로움(義)을 앞세우는 사람들은 야멸차게 사생취의(捨生取義), 대의멸친(大義滅親)을 외친다. 의로움은 죽음과 소멸, 단죄 의식으로 이어진다. 소동파는 "의가 넘치면 잔인해진다."고 했다. 이처럼 인간이 마치 최종적으로 도달해야 할 이데아처럼 말하는 무위, 덕, 허정, 인의예지와 같은 이상들이 현실에서 인위(人爲)와 섞이면 모두 이기(利己)로 돌아간다.

그렇다면 인간의 삶과 맞닿아 있는 원시적인 도와 덕, 원시적인 무위와 허정, 원시적인 인의예지는 무엇일까. 이를 알아보는 데 <도덕경> 만한 교과서는 없다. 한비자의 <도덕경> 해설인 해로(解老)편은 도가적 도를 현실 사조인 법가의 도로 설명한다. 현실의 땅에 발을 붙이고서 현실의 문제를 타개해보고자 동분서주했던 한비자의 <도덕경> 이해라는 점에서 현실적이고 구체적이다.

1 덕(德)이란 내적인 것이고, 득(得)이란 외적인 것이다. "상덕부덕(上德不德)"(도덕경 38장), 즉 최상의 덕이란 덕을 의식하지 못하는 것이다. 이 말은 그 정신에 깃든 것은 외적인 것에서 영향을 받지 않는다는 말이다. 그저 그 자체로 온전한 것. 그리고 그 온전함으로 득에 이르러야 한다. 득도 역시 그저 득 자체일 뿐이다.

덕이란 무위(無爲)가 모인 것이고, 무욕(無欲) 즉 바라는 것이 없는 상태를 달성하는 것이며, 번뇌 없이 편안하고, 사용하지 않는데도 확고하게 자리를 잡고 들어앉는 것이다. 뭔가 하려고 하고 바라게 되면 편안할 수가 없어 덕은 멈춘다. 멈추어버린 덕은 온전하지 않다.

욕망 때문에 고민하게 되면 덕은 자리를 잡을 수 없다. 자리 잡지 못하는 덕은 효능이 없고, 효능이 없으면 온전하지 않다. 덕즉무덕(德則無德), 즉 무덕(無德)이 곧 덕이다. 원하고 고민하고 실행하려는 인위적 행동을 통해 덕을 알 수도 없고, 실현할 수도 없다는 말이다. 스스로의 덕을 잊고 사는 것이 바로 덕이 있다는 것이다.

그래서 노자는 "상덕(上德)은 덕을 덕이라 여기지 않기에(不德) 덕이 있게(有德) 되는 것이다."라고 하였다.

2 그러므로 무위(無爲, 인위적으로 아무 것도 하지 않는 것), 무사(無思, 고민하거나 생각하지 않는 것)로 마음을 비우는 것(허, 虛)이 귀하다고 하는 것은, 그 의지가 외적인 것에 의해 얽매이지 않아서이다.

한데 대체로 통치술이 없는 자들이 무위, 무사로 마음을 비웠다고 한다. 그런데 이렇게 아무 일도 안 하고, 생각도 없이 마음을 비웠다는 사실을 주야장천 떠드는 자들은 자신이 마음을 비웠다(허심, 虛心)는 사실은 잊지 않는다. 이는 곧 자신이 허심을 이루려는 욕구에 통제(구속)를 당하고 있는 것이다.

허(虛)라는 것은 의지로 구속되는 것이 아니다. 허의 상태가 되기 위해 구속당한다면 그것은 허가 아니다. 정말로 마음을 비운 자는 무위일 뿐이다. 무위를 삶의 원칙, 혹은 기준으로 세우는 행위도 무위가 아니다. 무위 상태를 유지하려고 애쓰지 않는 것이 곧 허심에 이르는 것이다. 허의 상태에서 덕이 왕성해지고, 덕이 왕성한 것을 일러 상덕이라고 한다.

그래서 노자가 말씀하기를 "상덕은 아무것도 하지 않지만 하지 않는 것도 없다."고 하셨다.

3 인(仁)이란 마음에서 흔쾌히 우러나와 사람을 사랑하는 것이다. 사람이 행복하면 좋아하고, 화를 입으면 싫어하는 마음. 이는 태어날 때부터 타고난 것이며 보답을 바라고 그러는 것이 아니다. 그래서 노자는 "큰 사랑(上仁)은 저절로 행해지는 것이지 의도하는 것이 아니다."고 했다.

4 의(義)는 군신상하의 직책, 부자(父子), 귀천 같은 차등, 마음이 통하는 벗과의 사귐, 친소와 안팎의 분간 등과 같은 것이다. 신하가 군주를 섬기고, 아랫사람이 윗사람을 따르고, 아들이 아버지를 섬기고, 천한 이가 귀한 이를 공경하는 것. 아는 친구들이 서로 돕는 것이나 친한 사람을 가까이 하고 소원한 사람을 멀리하는 것들은 모두 마땅하고 적절

한 일이다. 의란 곧 그 마땅하고 적절함을 말한다. 마땅하니 그렇게 하는 것이다. 이를 두고 노자는 "최상의 의(上義)를 행할 때에는 그렇게 행하는 분명한 목적을 아는 것"이라고 하였다.

5 예(禮)란 속마음(情)을 밖으로 표현하는 것이다. 여러 가지 의(義)를 잘 포장하여 표현하고, 군신과 부자가 서로 소통하는 방식, 귀함과 천함이나 현명함과 불초함을 구별하는 수단이다. 가슴 속에 품은 것을 상대는 알아챌 수 없으니 종종걸음으로 달려가 몸을 낮춰 절을 하며 그것을 드러내야 한다. 진정한 마음으로 사랑해도 알지 못하므로 좋은 말들을 늘어놓아 믿도록 해야 한다.

예란 밖으로 드러나는 범절로써 속내를 드러내는 것이다. 이를 일러 말하기를 "예란 속마음의 겉모습"이라고 하는 것이다. 대체로 사람들은 외물에 의해 움직이는지라 자신을 위한 예는 잘 모른다. 사람들이 예를 행하는 것은 타인에 대한 존중을 표현하려는 것이다. 그러므로 때로는 예를 표현하려 애를 쓰고, 또 어떨 때는 예에 태만해진다.

하지만 군자가 예를 행하는 것은 자신을 위한 것이다. 자신을 위한 예를 행하기 때문에 내심에 거짓 없는 정신세계를 이루는 것으로 이것이 바로 예가 지극한 상태(上禮)다. 예의 최고 경지인 상례는 보통 사람들은 알 수도 없고, 이에 서로 호응할 수도 없으므로 이를 일러 말하기를 "상례를 행하더라도 호응이 없다."고 했다.

일반인들이 어긋나게 행동한다 하더라도 성인(聖人)은 항상 공경을 다하여 손발에 이르기까지 예를 다하며 게을러지지 않는다. 그래서 노자가

"소매 걷어붙이기를 거듭한다."고 한 것이다.

6 도(道)는 쌓이는 것이고, 쌓여야 공(功), 즉 성취되고 달성되는 것이다. 덕이란 도를 성취한 것이다. 공은 내실이 있고, 내실이 있어야 빛을 낸다. 인(仁)은 덕의 빛이다. 빛에는 윤택이 있고, 윤택이 있어야 할 일이 구체적으로 나타난다. 의란 인으로써 일하는 것이다. 일을 하는 데는 도리가 있고, 도리는 특정한 모양, 문식이 있다. 예는 의가 드러나는 모양이다.

그래서 노자는 "도를 잃고 난 다음 덕을 잃고, 덕을 잃고 난 다음 인을 잃고, 인을 잃고 난 다음 의를 잃고, 의를 잃고 난 다음 예를 잃는다."고 말씀하셨다.

7 예를 속마음의 겉모습이라고 했다. 실질을 치장하는 것을 '문(文)'이라고 한다. 대체로 군자는 속마음을 취하고 겉모양을 버리며, 실질을 좋아하고 치장을 싫어한다. 겉모양에 기대어 속뜻을 논하는 것은 그 속마음이 좋지 않아서다. 치장한 것으로 실질을 운운하는 것은 그 실질이 떨어지기 때문이다. 왜 이렇게 말하는가.

화씨의 벽(和氏之璧)은 오색치장이 없었고, 수후가 큰 뱀을 고쳐주고 답례로 받은 구슬(隋候之珠)은 금은으로 장식되지 않았다. 그 실질이 아름다움의 궁극에 다다랐기 때문이다. 그래서 그것을 꾸밀 만한 물건이 없었다. 다른 것으로 꾸민 후에야 사용되는 것은 그 본질이 아름답지 않아서다. 부자(父子) 간에는 예절이 소박하고 분명하게 드러나지도 않는다. 그래서 노자는 "예절은 소박(禮薄)하다."고 했다.

　모든 사물들이 나란히 왕성해질 수는 없다. 음양이 그렇다. 일의 이치는 서로 빼앗고 주는 것인데, 위엄과 덕 즉 형벌과 상을 내리는 것도 그렇다. 실제 마음이 후한 사람은 겉모양이 박하다. 부자간 예의가 그런 것이다. 이런 연유로 본다면 예가 번다한 자는 실제 속마음은 빈약할 것이다.

　그러므로 예를 행한다는 것은 사람 사이의 순박한 마음이 동하도록 하는 것이다. 보통 사람들은 예를 행하여 사람들이 이에 응해주면 쉽게 기뻐하고, 응해주지 않으면 꾸짖으며 원망한다. 이처럼 예를 행하는 것이 사람들 사이에 순박한 마음이 통하자고 하는 것인데 서로 책망하는 구실을 주기도 하니 어찌 다툼이 일어나지 않겠는가. 다툼이 있으면 혼란스러워진다.

　그러므로 노자가 말씀하기를 "대체로 예란 진심이 박해져서 생긴 것으로 어지러움이 일어나는 발단이 된다."고 하였다.

8

　사물 이전에 행로를 알고, 이유를 알기 전에 움직이는 것을 일러 전식(前識), 즉 선견지명 혹은 예지라고 한다. 한데 이런 전식이라는 것은 근거도 없이 억측하는 것이다. 왜 이렇게 말하는가.

　초나라에서 은거하던 도사인 첨하는 앉아 있고, 제자가 시중을 들고 있는데 문밖에서 소의 울음소리가 났다. 제자가 말했다.

　"이것은 검은 소인데 이마가 흽니다."

　그러자 첨하가 말했다.

　"그렇구나. 이것은 검정소다. 그런데 그 흰 것은 뿔에 있구나."

사람을 시켜서 살펴보니 역시 검정 소였고, 뿔을 흰 천으로 감싸고 있었다. 첨하의 도술은 대중의 마음을 끌어당겼다. 화려한데 위태롭다(華焉殆矣)는 말이다. 이런 경우를 노자 말씀대로 하자면 "도(道)의 (허황한)꽃이로다."라고 하는 것이다.

첨하처럼 시험하면서 추정하지 않고 어린 아이에게만 살펴보도록 했어도 역시 그것은 검은 소가 뿔에 흰 천을 두르고 있는 것을 알 수 있었다. 그러므로 첨하는 예측하느라 고심하고 정신을 집중하였어도 어린아이와 똑같은 결과를 얻게 된 것이다. 이런 경우를 일러 "어리석음의 시작"이라 하는 것이다. 노자가 "예지력이 있다는 전식자는 도를 빙자한 허황한 꽃이며, 어리석음이 시작되는 것"이라 한 것이 이것이다.

노자에 이르는 대로 말하자면, 소위 대장부란 지혜가 큰 사람을 이른다. "대장부는 후한 데 거처하며 각박한 곳에는 거처하지 않는다."고 하는 것은 진실한 속마음대로 행동하고 예의와 같은 겉치레를 거부한다는 것이다. 또 "실질에 거처하며, 화려한 데에 거처하지 않는다."는 것은 반드시 도리에 따르는 것으로 경박하게 앞서나가지 않는다는 것이다. "먼 것을 버리고 가까운 것을 취한다."(去彼取此)는 것은 예의라는 겉치레를 버리고, 성급하게 앞질러 판단하지 않고 도리에 따르며, 진실한 속정을 좋아한다는 것이다. 노자가 '거피취차'(去彼取此)라 한 것은 이런 것이다.

9

사람은 화를 당하면 마음이 두렵고, 두려우면 행동을 바로하게 된다. 행동을 바르게 하면 화와 해를 입지 않고, 재해가 없으면 천수를 누리게 된다. 또 행동을 바로 하면 사려가 깊어지고, 사려가 깊어지면 사물의 이치를 알게 되며, 이치를 얻게 되면 반드시 성공한다. 천수를 다한다는 것은 몸을 온전하게 하여 오래 사는 것이다. 반드시 성공한다는 것은 부유하고 귀해진다는 것이다. 온전하게 수를 누리고 부귀해지는 것을 복이라 한다. 그렇다면 복이란 화를 당하는 데에서 생겨나는 것이다. 그래서 노자는 "화는 복이 기대는 곳이다."고 하였다. 그것으로써 공을 이루게 된다.

10 사람은 복이 있으면 부귀에 이르고, 부귀에 이르면 먹고 입는 것이 좋아지며, 의식이 좋아지면 교만한 마음이 생기고, 교만한 마음이 생기면 옳지 않게 행동하고 도리에서 벗어나 움직이게 된다. 행동이 옳지 않으면 일찍 죽게 되고, 도리에 어긋나게 움직이면 성공할 수 없다.

안으로는 일찍 죽고, 밖으로는 성공하여 이름을 날리지 못하는 것은 큰 재앙이다. 그렇다면 재앙의 근원은 복이 있는 데서 생겨난다. 그래서 노자는 "복은 화가 묻혀 있는 장소이다."고 하였다.

11 대체로 도리에 근거해 일하는 사람은 이루지 못할 것이 없다. 이루지 못할 게 없는 사람은 크게는 천자의 세력과 존엄을 이룰 수 있고, 작게는 경상이나 장군의 자리를 얻을 수 있다. 대체로 도리를 버리고 제멋대로 망동하는 자는 위로는 천자나 제후의 세력과 존엄을 갖거나 아래로 소금판매로 부를 축적한 의돈이나 제나라로 망명해 거부가 된 도주공 범려, 점복으로 거부가 된 복축 같은 부유함을 지닌다 해도 백성

들에게서 버림받고 재산은 잃게 될 것이다.

많은 사람들이 경솔하게 도리를 버리고 경거망동하는 것은 화와 복의 관계가 그처럼 심대하고, 도라는 것이 그처럼 넓고 심원하다는 것을 알지 못하기 때문이다. 노자가 일깨우며 말한 "누가 그 끝을 알겠는가."(孰知其極)한 것은 이런 뜻이다.

부귀와 건강장수를 바라지 않는 사람은 없다. 그러나 가난하고 비천하게 되어 요절하는 화를 피할 수도 없다. 마음은 부귀건강장수를 바라나 실제로는 빈천하게 살다 일찍 죽는다. 이렇게 자신이 바란다고 이룰 수는 없다.

자신이 바라는 삶의 방향을 잃고 망령되이 행동하는 자를 갈피를 못 잡는다고 한다. 갈피를 못 잡으면 자신이 이르고자 하는 곳에 이를 수 없다. 지금 대중들은 그들이 바라는 삶을 살지 못한다. 이를 일러 "미(迷), 즉 갈피를 잡지 못한다."고 한다. 중생들이 자신이 바라는 대로 살지 못하는 것은 천지가 개벽한 이래 지금까지 계속 그래왔다.

그래서 노자는 이를 일러 "사람들이 갈피를 잡지 못하고 살아온 시일이 실로 오래됐다."고 한 것이다.

12 노자가 '방(方)'이라고 한 것은 내면과 외면이 서로 조응하고, 언행이 서로 맞는 것을 말한다. '렴(廉)'이란 살고 죽음은 명에 달린 것을 알고 재물에 담담한 것을 말한다.

'직(直)'이란 공정함의 의(義)를 따르기 위해 편향되지 않는 마음을 세우는 것이다.

'광(光)'이란 관작이 높고 귀하며 의복이 아름다운 것을 말한다.

'도(道)'를 터득한 사람은 비록 자신은 내면과 외면이 미덥고 유순하더라도 타인이 비뚤어지고 바르지 못한 것을 비방하지 않는다.

자신은 절의에 죽고 재물에 담담하더라도 그것으로 겁 많은 자를 모욕하거나 탐욕스러운 자들을 욕하지 않는다.

또 비록 자신은 의롭고 파당을 짓지 않아도 사악한 자를 제거하고 사욕을 채우는 자를 벌하지는 않는다.

자신이 권세가 있고 존귀하며 의복이 아름답다고 낮은 자에게 자랑하거나 가난한 사람을 업신여기지도 않는다. 그 이유는 무엇일까.

길을 잃었다면 그 길에 익숙하거나 잘 아는 사람에게 물어보고 들어서 알게 하면 길을 헤매지 않을 것이다. 지금 사람들은 성공하기를 바라면서도 반대로 실패하는 쪽으로 간다. 아는 사람에게 묻고 그 답을 들어야 하는 이치를 몰라서다. 사람들이 아는 사람에게 묻지 않는데, 성인(聖人)은 강경하게 실패를 지적하며 꾸짖는다. 그래서 원망이 생긴다.

일반적인 중생들은 많고, 성인은 적다. 적은 수가 많은 수를 이길 수 없다는 것은 정해진 이치다. 지금 일어나 행동하며 천하의 사람들과 원수가 되는 것은 몸 건강히 오래 사는 방법이 아니다. 그러니 절도에 맞게 행동하면서 세상과 함께 살아야 하는 것이다.

그래서 노자가 말씀하기를 "자신의 옳음(方)으로 남을 재단하지 말고, 자신의 청렴함(廉)을 기준으로 남을 상하지 말며, 자신이 곧다(直)고 방자하게 굴지 말며, 자신이 존귀하다(光)고 광내지 말아야 한다."고 하셨다.

13 총명과 예지는 타고난 것이다. 움직이고 생각하는 것은 사람이 하는 것이다. 사람들은 하늘이 내려준 시력으로 보고, 타고난 청력으로 듣는다. 이처럼 하늘에서 내려준 지력에 의지해 생각하고 고려하는 것이다.

그러므로 눈을 무리하게 사용하면 잘 보이지 않게 되고, 청력을 무리하게 사용하면 또렷하게 들리지 않을 것이다. 이처럼 사려함도 정도를 넘으면 지식이 혼란스러워진다.

즉, 눈이 밝지 못하면 흑백의 구분이 잘 되지 않고, 귀가 잘 안 들리면 맑은 소리와 탁한 소리를 구별할 수 없게 된다. 지식이 혼란스러우면 이득과 손실의 지점을 판단할 수 없어진다.

눈으로 흑백을 구분하지 못하는 자를 맹인이라 하고, 귀로 청음과 탁음을 구별하지 못하면 농아라고 한다. 마음으로 득실을 따지지 못하면 미치광이라고 한다.

눈이 멀면 한낮에도 위험물을 피하지 못하고, 귀가 멀면 천둥번개소리도 알 수 없으며, 미치광이가 되면 인간의 법령에 의한 화를 면치 못한다.

그래서 노자의 글에 나온 '치인(治人)'이란 움직임을 절도 있게 하고 머리를 굴리는 일에서도 낭비를 줄이는 것을 말한다.

소위 노자의 '사천(事天)'이란 청력과 시력을 그 끝까지 다 쓰지 말고, 지식도 다 고갈시키지 말라는 것이다. 끝까지 다 가면 정신적 낭비가 많아지고, 정신적 낭비가 심하면 눈멀고 귀먹고 광인이 되는 화가 미친다. 그러니 아껴야 한다.

아끼는 사람은 정신을 사랑하고 지식을 비축하여 아껴 쓰는 것을 말한다. 이를 일러 노자는 "치인과 사천이 아끼는 것보다 못하다."고 했다.

14 보통사람들의 마음가짐은 늘 부산하다. 부산한 것은 낭비이다. 낭비하는 것을 사치라 한다. 성인의 마음가짐은 조용하다. 조용하면 비용이 적다. 비용을 적게 쓰니 아끼는 것이다. 아끼는 기술은 도리에서 나온다. 대체로 아낀다는 것은 도를 따르고 이치에 순응해 받아들이는 것이다. 중생들은 우환과 재난에 빠져도 퇴로를 알지 못하고, 도리에 복종하지도 못한다.

성인은 비록 재난과 우환의 모습이 드러나지 않아도 허(虛)와 무(無)를 통해 도리에 따르려 하므로 이를 일찍이 도를 따르고 있다고 하는 것이다. 그러므로 노자에 이르기를 "오직 아낌으로써 일찍이 도를 따를 수 있다."고 하는 것이다.

15 치인(治人)을 아는 사람은 생각하고 헤아림이 고요하다. 사천(事天)을 아는 사람은 모든 숨구멍이 막힘없이 텅 비어 있다. 사려가 고요하면 덕을 까불러 쫓아내지 않으며, 숨구멍이 다 열려 통해 있으면 매일 조화로운 기운이 들어온다. 이를 일러 '중적덕(重積德)', 즉 덕을 부단히 쌓는다는 것이다.

원래 있는 덕을 잃지 않고, 새로이 조화로운 기운이 날로 더해지는 사람을 '조복자(蚤服者)'라고 한다. 노자는 "조복이란 덕을 부단히 쌓는 것을 이른다."고 하였다.

덕을 쌓으면 정신이 고요해지고, 정신이 고요해진 이후에야 조화로운 기운이 많아지고, 조화로운 기운이 많아진 이후에야 계책을 세울 수 있고, 계책이 서야 만물을 능히 제어할 수 있게 된다.

만물을 능히 제어한다는 것은 곧 전쟁에서 적을 이길 수 있고, 말로써 세상을 뒤덮을 수 있게 된다는 것이다. 전쟁에서 적을 이기고, 말로써 세상을 풍미할 수 있기에 "무불극(無不克), 즉 이기지 못하는 것이 없다."고 말하는 것이다.

무불극은 중적덕에 뿌리를 두고 있다. 그래서 노자는 "덕을 부단히 쌓으면 이기지 못할 것이 없다."고 한 것이다.

전장에서 적에게 쉽게 이기면 천하를 겸병하게 되고, 논리로 세상을 뒤덮으면 백성들이 따르게 된다. 나아가서 천하를 겸병하고 물러나 백성을 따르게 하는 것. 그 기술은 심원하여 보통의 중생들은 그 시작점과 끝자락을 보지 못한다. 경위를 볼 수 없기에 그 궁극을 알 수도 없다. 그래서 노자는 "이기지 못할 것이 없으면, 그 궁극도 알 수 없다."고 한 것이다.

16

나라가 있었으나 후에 망하게 하고, 몸을 후에 훼손했다면 이를 능히 나라가 있었으며 몸을 능히 보존했다고 할 수 없다. 나라가 있다면 반드시 사직을 안정시킬 수 있어야 하고, 신체를 능히 보존하려면 반드시 천수를 누려야 한다. 그러고 난 뒤 능히 나라를 보유했으며 능히 신체를 보존했다고 말할 수 있는 것이다.

대체로 능히 나라가 있고 몸을 보존했다는 사람들은 반드시 도를 체득하게 된다. 도를 체득하면 지혜가 깊어지고, 지혜가 깊으면 계책이 원대해지며, 계략이 원대하면 중생들은 그 끝간 데를 알아볼 수 없다. 사람들이 그 끝을 알 수 없도록 하는 사람만이 몸을 보존하고 나라를 보유한다. 그러므로 노자가 말씀하기를 "그 궁극을 알지 못하면 가히 나라를 가질 수 있다."고 했다.

17

노자에는 '나라의 어머니가 있다(유국지모, 有國之母)'는 말이 나온다. 어머니란 도(道)를 말하는 것이다. 도에서 나라를 있게 할 술(術)이 나오기 때문에 나라의 어머니가 있다고 하는 것이다. 대체로 도라는 것은 세상이 두루 변하는 것과 더불어 다니는 것으로 건강을 오래 유지하고, 복을 장구하게 유지할 수 있다. 그래서 노자는 "유국지모는 가히 장구하다."고 했다.

나무에는 옆으로 갈라지는 뿌리인 만근이 있고, 아래로 깊이 뿌리를 내리는 직근이 있다. 직근이 바로 《도덕경》에서 말하는 '저(柢)'이다. 저는 나무가 생을 건강하게 지탱하는 바탕이고, 만근은 나무가 생을 유지하는 바탕이다.

한편 덕이란 사람의 삶을 건강하게 지탱하는 바탕이 된다. 녹(綠)은 생을 유지하는 바탕이다. 이처럼 이치에 근거해 산다면 녹에 기댈 수 있는 기간도 길어진다. 그래서 노자가 "뿌리를 깊게 하라."고 한 것이다.

도를 체득하면 생이 길어진다. 노자가 "저를 단단히 하라."고 했는데, 저(직근)가 단단하면 생이 길어지고, 뿌리가 깊으면 오래 살게 될 것이다.

노자가 말씀하기를 "뿌리를 깊게 하고, 저를 단단히 하는 것이 오래 건강하게 사는 방법"이라고 한 것이 이런 뜻이다.

18 공인(工人)이 업종을 자주 바꾸면 성과를 못 낼 것이며, 농부가 자주 이동하면 역시 성과를 낼 수 없을 것이다. 한 사람의 작업량이 있는데 매일 반나절씩 일을 안 하면 열흘이면 다섯 명의 성과를 잃을 것이고, 만 명이 반나절씩 놀면 열흘이면 오만 명 몫의 성과를 잃을 것이다. 즉 업종을 자주 바꾸는 경우 그 인원이 많아질수록 손실은 더욱 커질 것이다.

보통 법령을 바꾸면 이해관계가 바뀌며, 이해가 바뀌면 사람들이 힘써야 할 일도 바뀐다. 백성의 의무가 바뀌는 것은 업종이 바뀌는 것과 같다. 그러므로 이치를 따져보면 많은 백성들에게 일을 시키면서 자주 변동이 된다면 성공할 확률이 적어진다. 소장하고 있는 큰 기물을 자주 옮기면 파손이 많아진다. 작은 물고기를 끓이면서 자주 쑤석거리면 광택이 없어지고, 큰 나라를 다스리면서 법을 자주 바꾸면 백성들이 힘들어진다.

그러므로 이런 도를 터득한 군주는 고요함 즉, 허정(虛靜)을 귀하게 여기고, 법을 자주 바꾸지 않는다. 노자가 말씀하기를 "대국을 다스리는 자는 작은 물고기를 끓이듯 하라."고 한 말이 이것이다.

19 사람이 병이 걸리면 의원이 귀한 줄 알고, 화를 입으면 귀신을 두려워한다. 성인(聖人)이 윗자리에 있으면 백성들은 욕심이 적어진다. 백성의 욕심이 적어지면 혈기가 잘 다스려져 행동을 바로하고, 행동이 바르면 재해가 적어진다.

대체로 몸 안에 악성 종기들이 없고, 밖으로는 법을 어겨 처벌을 받는 화를 당하지 않는다면 귀신은 아주 경시당할 것이다. 이를 일러 "도로 천하를 다스린다면 귀신은 신이 되지 않는다."고 했다. 치세 시기의 백성은 귀신과 서로 해를 입힐 일이 없다. 그래서 이를 일러 "귀신만 영험하지 않은 것이 아니라 신령도 사람을 상하지 못한다."고 했다.

  귀신이 사람에게 고통을 주고 병들게 하는 것을 일러 귀신이 사람을 상했다고 한다. 사람이 이런 귀신의 화를 풀어 제거하는 것을 사람이 귀신을 상했다고 한다. 백성들이 법령을 어기는 것을 두고 백성이 군주를 해친다고 하고, 군주가 형벌을 내려 백성을 다치게 하는 것을 군주가 백성을 해친다고 한다. 백성이 범법을 하지 않으면 군주도 형을 집행하지 않는다. 이를 일러 "성인 역시 백성을 해치지 않는다."고 하는 것이다.

  군주가 백성과 마찬가지로 서로 해치지 않으며, 사람도 귀신과 마찬가지로 서로 해치지 않는다. 그러므로 노자는 "양쪽이 서로 해치지 않아야 한다."고 하는 것이다.

  백성이 범법하지 않으면 군주는 안으로 형벌을 사용하지 않고, 밖으로는 생산 활동에서 나오는 이익을 탐하지 않을 것이다. 안으로 형벌을 사용하지 않고, 밖으로 산업의 이익을 탐내지 않으면 백성들은 자손도 많이 낳고, 저축도 활발하게 할 것이다. 백성이 자식을 낳고 저축도 풍성해지는 것을 덕이 있다고 한다.

  소위 귀신의 재앙이란 귀신이 사람의 혼을 빼버려 정신이 혼란한 것을 말한다. 정신이 혼란하면 덕이 없게 된다. 귀신이 사람에게 재앙을 끼치지 못하면 혼백은 떠나지 않을 것이며, 혼백이 떠나지 않으면 정신은 혼란스럽지 않다. 정신이 혼란스럽지 않으면 덕이 있다고 한다.

군주가 쌓아놓은 것이 많아 귀신이 그 정신을 혼란케 하지 못하면, 덕은 백성에게까지 이를 것이다. 이를 두고 노자는 "양쪽이 서로 상해를 입히지 않으면 덕은 서로에게 돌아간다."고 했는데 이 말은 덕이란 상하가 서로 흥성해졌다가 결국은 백성에게로 돌아간다는 뜻이다.

20

군주에게 도가 있으면 밖으로는 서로 대립하는 인근 나라의 적들이라도 원한을 사지 않고, 안으로는 백성들에게 덕을 베푼다. 밖으로 적에게 원한을 사지 않는다는 것은 제후들을 예의로써 대우한다는 뜻이다. 안으로 백성들에게 덕을 베푼다는 것은 백성들이 자기 일의 근본인 농사에 전념할 수 있도록 다스린다는 것이다. 제후들에게 예의를 다해 교류하면 전쟁이 거의 일어나지 않으며, 백성들이 농사에 힘쓰게 한다면 사치가 그치게 될 것이다.

대체로 말(馬)을 많이 활용하는 것은 밖으로는 군수물자를 대고, 안으로는 사치품을 날라야 하기 때문이다. 이제 도를 가진 군주는 밖으로는 드물게 병사를 일으키고, 안으로는 사치를 금한다. 군주가 말을 부려서 군대나 적을 쫓지 않고, 백성들이 사치품을 나르느라 먼 데로 나가지 않으면 비축된 힘을 밭 가는 데 쓸 수 있다. 비축된 힘으로 밭을 경작하면 반드시 말은 밭을 갈거나 비료를 주는 데 쓰일 것이다.

노자는 이를 일러 "천하에 도가 있으면, 빠른 말을 물려서 밭을 갈게 한다."고 했다.

21 군주라는 자가 도가 없으면, 안으로는 백성에게 포학하고, 밖으로는 이웃나라를 침범한다. 안으로 포학하면 백성들은 생산을 못하게 되고, 외침을 하면 수시로 군사가 일어난다. 백성이 생산을 끊으면 가축이 적어지고, 전쟁이 자주 일어나면 사졸들은 죽게 된다. 가축이 줄고, 군마는 부족하고, 병사들이 다 죽으면 군대는 위태롭다. 군마가 부족하면 출산을 앞둔 말들까지 끌어내고, 군이 위태로워지면 측근 신하들도 동원해야 한다.

원래 말이란 군에서 많이 사용하는 것이다. 교(郊)는 성에서 가까운 곳을 말한다. 그런데 지금 군에 공급해야 할 장비들을 암말로 채우거나 군주의 측근인 근신들이 사용한다.

노자는 이를 일러 "천하가 무도하면 군마가 도성 가까운 곳에서 새끼를 낳는다."고 했다.

22 사람의 욕심은 생각을 흐트러지게 하고, 생각이 흐트러지면 욕심은 더욱 심해진다. 욕심이 심해지면 사악한 마음이 올라오고, 사악한 심사가 이기면 일에 경솔해지고, 일을 경솔히 하면 재난이 생긴다.

이로써 본다면 화와 재난은 사악한 마음에서 생기게 되는 것이다. 사악한 마음은 욕심을 일으키는 데에서 나온다. 욕심을 부릴 일들이 많아지면, 양민들을 간악하게 만들고 원래 착하게 사는 사람들이 화를 입는다.

간악함이 일어나면 위로는 군주를 침해해 약하게 하고, 화가 미쳐 많은 백성들을 상하게 한다. 욕심이 치받쳐 약한 군주를 침해하고 백성들을 다치게 하는 것은 큰 죄다.

이를 일러 노자가 "욕심을 부리는 것보다 더 큰 화는 없다."고 한 것이다. 이에 성인은 오색의 화려함에 끌리지 않고, 아름다운 음악에 흔들리지 않으면 명군은 노리개를 천시하고, 음란하고 사치스러운 것을 없앤다.

23 사람에게는 털도 날개도 없다. 옷이 없으면 추위를 이길 수 없다. 하늘에 매달려 있거나 땅에 붙어 있을 수도 없다. 위와 장을 뿌리로 하여 먹지 않으면 생활할 수도 없다. 이러하니 자신에게 이익이 되는 것을 바라는 마음에서 벗어날 수 없다. 이익을 바라는 마음에서 벗어나지 못하는 것은 몸을 근심하기 때문이다.

성인의 옷은 추위를 막으면 족했고, 음식은 허기를 메우면 족했으므로 근심이 없었다. 그러나 보통의 중생들은 그러하지 않다. 크게는 제후가 되고, 작게는 천금의 재산을 남기더라도 얻고자 바라는 근심은 벗어날 수 없다. 죄수도 사면 받고, 죽을 죄도 살릴 수 있으나 재산을 쌓아두려는 근심은 만족함을 모르고 끝내 풀려날 수 없다.

노자는 이를 두고 "만족함을 모르는 것보다 더 큰 화는 없다."고 한 것이다.

24 그러므로 이익에 대한 욕망이 심하면 근심이 생기고, 근심은 질병을 부르며, 병이 들면 지혜가 쇠퇴하고 지혜가 쇠약해지면 정도를 헤아리지 못하고, 정도를 잃으면 경거망동하게 되고, 경거망동하면 재난이 들어오며, 재난이 들어오면 병이 속에서 번지고, 병이 안에

서 번지면 통증과 화가 몸 밖에서도 짓누르고, 통증과 화가 몸 바깥을 짓누르면 큰 고통이 위와 장 사이에서 일어나고, 위와 장의 고통이 일어나면 사람을 크게 상하게 한다. 큰 고통을 당하게 되면 자기 자신을 책망하게 한다.

그래서 노자가 "무엇을 탓한들 이익에 대한 욕망으로 얻은 고통보다 더 큰 것이 있으랴."하고 말한 것이다.

25

도(道)란 만물이 존재하는 근거이며, 모든 이(理)의 근원이다. 이란 사물을 이루는 질서다. 그러므로 도가 만물을 성립하게 하는 근거가 된다고 하는 것이다. 그래서 노자가 "도는 이를 통해 모든 사물의 질서를 세운다."고 한 것이다.

사물에는 이가 있고, 이들은 서로 간섭하지 않는다. 만물의 이들이 서로 간섭하지 않는다는 것은 곧 이가 사물을 규정짓는다는 말이다. 만물은 각각 이가 다르며, 만물이 각각 다른 이를 가지고 있기 때문에 도가 만물의 이를 통합하려면 변화하지 않을 수 없다. 변화하지 않을 수 없으므로 고정된 방식이나 원칙도 없다. 고정된 방식이 없으므로 (도에서) 생사의 기운이 나오고, 만 가지 지혜를 펴내고, 만사의 흥망성쇠가 비롯되는 것이다.

하늘이 얻는 도는 높이에 있는 것이고, 땅의 도는 만물을 간직하며, 북두칠성은 도로써 위엄을 보일 수 있는 것이며, 해와 달은 도를 얻어 끊임없이 빛나고, 오행은 도로써 그 자리를 유지하고, 별들은 운행을 바르게 하며, 사계절은 기후 변화를 통제하는 헌원씨의 도를 얻어 사방에 군림

하고, 선인 적송은 도를 얻음으로써 천지와 수명을 함께 하며, 성인은 도를 얻어 문물을 이루어낸 것이다.

도는 요·순을 만나면 함께 지혜롭고, 미치광이 접여를 만나면 함께 미치광이가 되고, 걸왕이나 주왕을 만나면 함께 멸망하며 탕왕과 무왕을 만나면 함께 번성한다.

가까이에 있는가 하면 사방의 끝에 가 있고, 멀리 있는가 하면 언제나 내 옆에 있는 것. 어두운가 하면 밝은 빛이 빛나고, 밝은가 하면 사물이 캄캄하게 보이는 것. 그러면서도 그 공력은 천지를 이루고, 조화로움은 천둥과 번개도 융화한다. 우주의 만물은 이에 기대어 이루어진다.

무릇 도의 본성은 규제되지도 않고 형상도 없으며, 유연하게 수시로 변하고, 이(理)에 상응하여 움직인다. 만물은 이것을 얻음으로써 죽고, 이것을 얻음으로써 산다. 또 모든 일들은 그것을 얻음으로써 실패하고, 그것을 얻음으로써 성공한다.

도는, 비유하자면 물과 같다. 물에 빠져서 너무 많이 마시면 죽고, 목이 마른 사람이 적당히 마시면 산다. 또 비유하면 검과 창 같아서 어리석은 자가 그것으로 분을 풀면 화를 당하고, 성인이 포악한 자를 벌하면 복이 이루어진다. 그러므로 이를 얻음으로써 죽고, 얻음으로써 살며, 얻음으로써 실패하고, 얻음으로써 성공한다고 하는 것이다.

26

사람들이 살아있는 코끼리를 보는 일은 드물다. 그래서 죽은 코끼리의 뼈를 얻어 그 그림을 근거로 살아있는 모습을 상상한다. 그러므로 여러 사람들이 상상하는 것을 일러 상(象)이라고 한다.

지금 비록 도를 직접 듣고 보는 것은 불가능하다 하더라도 성인들이 보인 공적을 짚어보고, 그 형상을 잘 생각해보면 된다. 그래서 노자는 "도의 모습(狀)은 모습이 아니고, 형상은 물체가 아니다."고 했다.

27

이(理)는 모나고 둥근 것, 짧고 긴 것, 성글고 촘촘한 것, 단단하고 연한 것이 나뉘는 구분을 말한다. 그러므로 이가 정해진 후에야 도를 알 수 있다. 정해진 이에는 존망이 있고, 생사가 있으며, 성쇠도 있다.

대체로 사물의 삶과 죽음이 교차하고(一存一亡), 문득 죽거나 태어나며, 처음에 왕성했던 것이 나중에 쇠퇴하는 것은 '상(常, 영원불변)'이 아니다. 오직 천지개벽과 함께 생겨나 천지가 소멸할 때에야 흩어지는 것. 죽지도 쇠퇴하지도 않는 것이 상(常)이다.

이처럼 상은 변하지도 않고, 고정된 이(理)도 없으며, 고정된 이가 없으니 항상 머무는 곳도 없다. 그래서 상을 도라고 할 수 없는 것이다. 성인은 그 알 수 없는 허무함을 통찰하고, 두루 통할 수 있는 원리를 '도'라고 억지로 이름 붙여 지칭한 것이다. 그런 이후에야 도에 대해 논할 수 있게 된 것이다.

그래서 노자는 "우리가 도라고 말하는 것은 상도(常道, 영원불변의 도)가 아니다. (道可道 非常道, 《도덕경》 1장의 첫머리에 나오는 말로 노자를 관통하는 핵심적인 문구)"라고 한 것이다.

28

사람은 태어남으로 시작하고, 죽음으로써 끝을 맺는다. 시작을 출(出)이라 하고 끝을 입(入)이라고 한다. 노자는 이를 일러 "생으로 나와 죽음으로 들어간다."고 했다. 사람의 몸은 360개의 골절이 있는데 사지와 아홉 개의 구멍을 주요 기관으로 한다. 사지 네 개에 아홉 개의 구멍을 더하면 열셋이다. 이 열셋은 움직이거나 움직이지 않거나 모두 생(生)쪽에 속한다. 이들을 같은 무리라고 한다.

노자는 "생을 지탱하는 무리는 열셋이며, 죽음에 이르면 이 열세 개의 기관이 모두 뒤집혀서 죽음(死) 편이 된다. 그러므로 사의 무리 역시 열셋이다."라고 했다. 노자가 "생의 무리는 열셋이고, 사의 무리도 열셋"이라고 한 것은 이런 말이다.

보통 사람들이 생생하게 산다고 하는 것은 활발히 움직인다는 얘기다. 움직임이 다하면 몸이 상하게 된다. 활동을 그치지 않으면 몸이 상하는 것도 그치지 않는다. 몸이 계속 상하면 삶은 다하는 것이다. 삶이 다한 것이 죽음이다. 즉 열세 개의 기관이 죽음으로 몰고 가는 터전이 된다.

노자가 "사람은 태어나서 살기 위해 움직이고, 움직임으로써 죽음의 땅으로 간다. 이 역시 열세 개의 일이다."고 한 것은 이런 뜻이다. 그래서 성인은 정신을 사랑하고, 마음을 비우고 고요한 상태인 허정(虛靜)을 귀하게 여겼다.

이렇게 사지로 몰아가는 일은 들소와 호랑이의 피해보다 더 크고 심각하다. 대체로 들소와 호랑이는 영역이 있다. 움직이고 쉬는 것도 때에 따른다. 그들의 영역을 피하고, 그때를 잘 고르면 들소와 호랑이의 피해를 면할 수 있다.

그런데도 사람들은 오직 들소와 호랑이의 뿔과 발톱이 있는 것만 알고, 만물이 모두 뿔과 발톱이 있다는 것을 알지 못해 만물의 폐해를 피하지 못한다. 왜 이렇게 말하는가.

비가 세차게 쏟아지면 광야에 인기척이 없는 시간에도 산천을 범하고 바람과 이슬은 발톱과 뿔처럼 해를 가한다. 또 군주에게 불충하고 금령을 가벼이 여겨서 어기면 형법이 발톱과 뿔처럼 해를 입힐 것이다.

시골에 산다는 이유로 예절이 없고, 애증에 절도가 없으면 분쟁과 다툼이 발톱과 뿔이 되어 해를 입힐 것이다. 좋아하는 것과 욕심이 끝이 없고, 움직이고 멈추는 데에 절도가 없으면 부스럼과 종기가 발톱과 뿔이 되어 해를 입힐 것이다. 얕은꾀를 애용하고 도리를 저버리면 법망이 발톱과 뿔처럼 해를 입힐 것이다. 들소와 호랑이는 영역이 있고, 만 가지 해에는 원인이 있으니 그 영역을 피하고 원인을 막으면 여러 가지 해를 면할 수 있다.

무기와 갑옷은 해를 방비하는 것이다. 생명을 중히 여기는 사람은 비록 군대가 쳐들어와도 분노하여 싸우려는 마음이 없다. 분쟁을 일으킬 마음이 없으면 해를 방비하여 구하는 것도 쓸 데가 없다. 이는 오직 야전군에 대한 얘기만도 아니다.

성인이 세상을 유유히 사는 것은 사람을 해칠 마음이 없어서다. 사람을 해칠 마음이 없으면 다른 사람에게서도 해를 입지 않는다. 사람의 해가 없으면 다른 사람을 방비할 필요도 없다. 그러므로 노자가 육상으로 가더라도 들소와 호랑이를 만나지 않으며, 산속에 들어가도 해악을 방어하는 방비에 의지하지 않는다고 한 것이다. 또 노자는 군대에 들어가더라도 무기와 갑옷을 준비하지 않아도 여러 가지 해악이 멀리에 있다고 했다.

노자가 "들소는 그 뿔로 치받을 데가 없고, 호랑이는 발톱을 쓸 데가 없고, 병사는 그 칼을 사용할 곳이 없다."고 한 것은 자신이 미리 방비하지 않으면 반드시 무해할 것이며, 이것이 천지의 도리라는 것이다. 천지의 도를 체득하면 "죽음의 땅이 없다."는 노자의 말처럼 움직여도 사지(死地)가 없고, 이것이 바로 합리적으로 살 길을 찾는 방법이라는 것이다.

29

자식을 사랑하는 사람은 자식에게 자애롭고, 생명을 중시하는 사람은 몸을 아끼며, 성취를 귀하게 여기는 사람은 일을 사랑한다. 어린 자식에게 자애로운 어머니는 그의 행복을 위해 힘을 다하고, 그 복을 위해 힘을 쓰면 화를 물리치는 일을 하고, 화를 물리치려면 깊이 생각하고 헤아리며, 깊이 사려하면 사리를 알게 되고, 사리를 알게 되면 반드시 성공하며, 성공하면 그 행동에 있어 의심하지 않는다. 의심하지 않는 것을 용기라고 한다.

성인은 만사를 자애로운 어머니가 어린 아들을 위해 염려하는 것과 같이 임한다. 그러므로 반드시 도를 실행한다. 반드시 도를 행해야 할 도를 보면 의심 없이 그에 따르고, 의심이 없으면 용감해진다. 의심하지 않는 데에서 자애가 나오는 것이다. 그래서 노자는 "자애로우면 용감해진다."고 한 것이다.

30

주공(周公)의 말에 따르면 "겨울 동안 얼어붙은 게 단단하지 않으면 봄여름의 초목도 무성하게 자라지 않는다."고 했다. 천지조차 항상 사치와 낭비를 할 수 없는데, 하물며 사람은 일러 무엇 하겠는가. 만물은 반드시 성쇠가 있고, 만사에는 반드시 이완과 긴장이 있으며, 국가에는 반드시 문무가 있고, 관의 다스림에는 반드시 상과 벌이 있다.

이런 까닭에 지혜로운 선비들은 재물을 검소하게 사용하여 집을 부유하게 하고, 성인은 그 정신을 보물로 여겨 정신을 성(盛)하게 한다. 군주가 병사들을 전쟁에 내보내는 일에 신중하면 백성이 늘어난다. 백성이 많아야 나라가 넓어진다. 이런 이유로 인해 노자는 "검소해야 넓힐 수 있다."고 한 것이다.

31 물건에 형태가 있으면 재단하기도 쉽고 나누기도 쉽다. 이 말은 무슨 말인가? 형태가 있다는 것은 짧고 긴 것이 있다는 말이고, 짧고 긴 게 있으면 작고 큰 것도 있고, 작고 큰 게 있으면 모난 것과 둥근 것이 있으며, 모난 것과 둥근 것이 있으면 단단하고 무른 것도 있고, 단단하고 무른 것이 있으면 가볍고 무거운 것도 있고, 가볍고 무거운 것이 있으면 흰 것과 검은 것도 있다. 이처럼 장단(長短)·대소(大小)·방원(方圓)·견취(堅脆)·경중(輕重)·흑백(黑白)을 일러 이(理)라고 한다. 이는 정해져 있어서 물건을 쉽게 나눌 수 있다.

그러므로 조정에서 논의를 할 때 뒤에 한 말이 채택되는 것은 이런 이유다. 권모가 뛰어난 신하들은 이를 잘 안다. 그러므로 네모나 원을 그리려고 하면 규구(컴퍼스와 자)를 따라야 하듯 만사 성공하려면 틀에 따라야 한다. 만물에는 그 규구가 없을 수 없다. 자신의 말을 의론에 붙이려면 그 규구에 맞게 계획해야 한다. 성인은 만물의 규구를 따른다. 그래서 노자는 "감히 천하를 앞서지 않는다."고 한 것이다. 천하를 앞서지 않으면 안 되는 일이 없고, 성취하지 못할 일이 없다. 그러면 내놓는 의견이 반드시 세상을 압도하므로 큰 관직을 바라지 않아도 이것이 어찌 가능하겠는가. 큰 관리가 되는 것은 일을 성사시키는 수장이 될 수 있다는 것이다. 이를 일러 노자는 "가장 먼저 하지 않음으로써 오히려 일을 성사시키는 장이 될 수 있다."고 했다.

32 자식을 사랑하는 사람은 생계가 끊어지지 않게 하고, 몸을 사랑하는 사람은 법도를 어기지 않으며, 네모와 동그라미를 그리려는 자는 규구를 버리려 하지 않는다. 그러므로 전쟁에 임해 병사와 관리를 사랑하면 전쟁에서 적을 이길 것이며, 기구와 설비를 귀히 여기면 성을 견고하게 한다. 노자가 "자애로 싸우면 이기고, 지키면 굳건하다."고 한 것은 이 말이다.

대체로 자신을 온전히 지킬 수 있고, 만물의 도리를 따르는 데 최선을 다하는 자는 반드시 천생(天生, 타고난 것)을 온전히 한다. 천생이 있는 사람은 생심(生心, 어떤 일을 하고자 하는 마음)이 있다는 것이다. 그러므로 천하의 도는 살고자 하는 길로 진력하는 것이다. 만일 자애로써 이를 지킨다면 일은 반드시 만전을 기하게 되고, 부당함이 없어질 것이다. 바로 이를 일러 보배라 하는 것이다. 노자는 "나에게 세 가지 보배(자애, 검소, 앞서지 않음)가 있으니 그 보배를 잘 간직한다."고 했다.

33

〈도덕경〉에 나온 '대도(大道)'는 단도(端道), 즉 바른 길을 뜻한다. 표면이 기울었다는 것은 사도(邪道), 즉 올바르지 않은 길을 뜻한다. 또 지름길(徑)을 크게 치는 것은 그것이 좋아 보이기 때문이다. 이렇게 좋아 보이는 길은 사도의 한 부분이다.

조정이 심하게 배제돼 있다는 것은 옥사와 소송이 심하다는 것이다. 옥사와 소송이 심하면 밭이 황폐해지고, 그러면 정부의 창고가 비고, 정부의 창고가 비면 나라가 가난해지고, 나라는 가난한데 민간의 풍속은 음란하고 사치스러워지며, 민간이 음란과 사치에 물들면 의식을 구하는 생업을 소홀히 하며, 생업이 끊기면 민간에선 교묘하게 사기를 치지 않을 수 없게 된다. 교묘히 사기를 치려면 겉치레를 알아야 하고, 겉치레를 위해 오색비단옷을 차려입고 사치를 부린다.

옥사와 소송은 빈번하고, 창고는 비어 있고, 풍속은 음란하고 사치스러우면 나라는 예리한 칼로 찔린 듯 상처를 입는다. 그래서 노자가 "예리한 칼을 찬다."고 한 것이다. 모략을 꾸며 나라에 상처를 입히는 자들은 자신의 집안은 반드시 부유하게 한다. 사가에는 부가 있으므로 노자가 "재화는 남아돈다."고 한 것이다.

만일 나라가 이런 지경이라면 어리석은 백성들은 이런 사술을 본받지 않을 수 없다. 그것을 본받아 소(小)도둑이 생긴다. 이렇게 본다면 나라를 상대로 사기 치는 큰 사기꾼(大姦)은 민간에서 그들을 따르는 작은 도둑들(小盜)을 만든다. 대간이 노래를 하면 소도가 화답하는 것이다.

우(竽)라는 피리는 오성(五聲) 악기의 우두머리다. 그러므로 우가 먼저 하면 종과 비파가 따르고, 우가 소리를 내면 여러 악기가 그에 화답한다.

이제 대간이 행해지면 민간 풍속도 따라 노래하고, 민간이 따라 소리를 내면 소도들이 반드시 화답할 것이다. 그래서 "화려한 옷을 입고, 예리한 검을 차고, 배불리 먹고 마시는데도 재물이 남아도는 자는 도적의 괴수"라고 했다.

34

사람은 어리석든 지혜롭든 상관없이 취사선택을 하지 않을 수 없다. 욕심 없고 평안해도 화와 복이 유래하는 곳을 모르지 않는다. 좋아하고 미워하는 감정에 붙들리고, 음란한 것에 빠지면 이후엔 혼란의 길로 가게 된다. 이런 까닭에 외물에 이끌리고 애호하는 것 때문에 어지러워진다.

욕심이 없으면 취사선택의 기준이 있고, 평안하면 화복에 대한 계획을 할 줄 안다. 그런데 지금은 좋아하는 물건이 마음을 바꾸고, 외적인 것들이 잡아끌어 계속 이끌려 나간다. 노자는 이를 '발'(拔), 즉 빼앗겼다고 했다.

그러나 성인(聖人)에 이르면 그렇게 되지 않는다. 취사의 기준을 한 번 세우면 비록 좋아하는 물건이 보여도 끌려가지 않으며, 이렇게 끌어당길 수 없는 것을 일러 '불발'(不拔), 즉 빼앗을 수 없다고 한다.

정신을 하나로 하면 비록 욕심낼 만한 것들이 있다하더라도 정신은 흔들리지 않는다. 정신이 흔들리지 않는 것을 '불태'(不脫), 즉 떨어져나가지 않는다고 한다. 사람의 자손으로 난 자들이 이런 도를 체득하여 종묘를 지킨다면 제사를 이어나갈 수 있다. 즉 나라가 유지될 것이라는 말이다.

개인은 정신을 쌓는 것이 덕이고, 집안에는 재물을 쌓는 것이 덕이며,

마을이나 나라나 천하에는 모두 백성들이 덕이다. 지금 몸을 다스리는 것은 외물이 정신을 어지럽힐 수 없게 하는 것이다. 이를 노자는 "자신을 수양 하면(수신,修身) 그 덕이 참되어(眞)진다."고 했다. 여기에서 진(眞)이란 덕이 확고한 상태를 말한다.

집안을 다스리는 사람은 쓸데없는 물건들로 셈을 흔들지 못하도록 하면 자산에 여유가 생긴다. 이를 두고 노자는 "집안을 잘 다스리면 덕에 여유가 생긴다."고 했다. 마을을 다스리는 자가 이런 절도를 지키면 여유 있는 집안들이 더욱 많아진다. 그래서 노자는 "고향을 잘 다스리면 그 덕이 오래 간다."고 했다. 또 노자는 "나라가 이렇게 다스리면 덕은 풍성해진다."고 했다.

천하에 군림하는 자가 이런 절도를 행하면 백성들이 생활에서 그 혜택을 받지 않는 자가 없게 된다. 그러므로 "천하를 이렇게 다스리면 그 덕은 널리 미친다."고 했다.

수신자(修身者)는 이로써 군자와 소인을 구별하고, 마을이나 나라나 천하를 다스리는 자들은 각각 앞에 나열했던 사례들을 견주어 적확하게 성쇠를 관찰한다면 만에 하나의 실수도 없을 것이다.

노자가 "개인으로서 개인을 관찰하고, 집으로서 집을 관찰하고, 마을로서 마을을 관찰하고, 나라로서 나라를 관찰하고, 천하로서 천하를 관찰한다. 내가 이런 방법이 아니면 어찌 천하를 알겠는가?"라고 한 말은 이런 것이다.

3. 사람들의 뒷모습

'도'라는 것은 '진짜 모습'을 아는 것이다. 사람들의 삶은 단순하지 않다. 정치인이 아니더라도 인간의 삶 속엔 이해관계와 이익을 둘러싼 정치게임이 상존한다. 그것도 인간 본 모습 중의 하나다.

한비자는 이러한 각종 정치게임의 이야기를 빼곡히 취재해 모아놓았다. 옛날이야기처럼 재미있게 읽다 보면, 인간들의 삶의 뒷모습을 보게 된다. 그것은 실제 인간의 모습이기도 하다. 인간에 대한 환상이나 도식화된 규범에 얽매이면 본질적인 인간 모습에 접근하기 어렵다. 분식된 이미지가 아니라 날 것으로서의 실체적 사실에 접근하는 '인간 탐구' 정신이 그래서 필요하다. 〈설림〉〈내저설〉〈외저설〉 등에 나온 이야기 중 50편을 추렸다.

1 은나라 탕(湯)왕이 하나라 걸(桀)왕을 정벌했다. 하지만 천하가 자신을 탐욕스럽다고 말을 할까봐 두려워 숨어서 사는 은자(隱者)인 무광(務光)에게 천하를 양도하겠다고 했다. 그리곤 또 무광이 이를 받아들일까봐 두려워했다. 그래서 사람을 시켜 무광에게 말을 전하게 했다.

"탕이 왕을 죽이고 그 악명을 그대에게 떠넘기고 싶어서 천하를 그대에게 양위하겠노라고 한 것이다."

이 때문에 무광은 강에 몸을 던져 자살했다.

2 자어가 공자(孔子)를 송나라 재상에게 소개했다. 공자가 나가고 자어가 들어와 공자를 만난 소감을 물었다. 재상은 "내가 공자를 보

고나서 그대를 보니 마치 벼룩이나 이처럼 보이는구려. 이제 가서 군주께 공자를 소개해야겠소."라고 했다.

그러자 자어는 공자가 군주에게서 귀하게 쓰일까봐 두려워져 재상에게 말했다.

"군주께서 공자를 보시면, 앞으로는 그대도 역시 벼룩이나 이처럼 보일 것이오."

재상은 이 말을 듣고, 다시는 공자를 만나지 않았다.

3 오자서가 (초나라에서) 도망칠 때 변방에서 망보던 이가 그를 잡았다. 자서는 그에게 말했다. "왕이 나를 찾는 것은 내가 아름다운 구슬을 가졌기 때문인데 나는 지금 그것을 잃어버렸다. 나는 이렇게 고할 생각이다. 그대가 그것을 삼켰다고 말이다."

그러자 망보던 이가 그를 놓아주었다.

4 제나라가 송나라를 공격했다. 송에서 장손자를 시켜 남쪽 초나라에 구원을 요청하도록 했다. 초나라는 크게 기뻐하며 구원하겠다고 허락하고 크게 환대했다. 장손자는 걱정스러워하며 발길을 돌렸다. 그를 모시고 온 이가 물었다.

"구원을 요청해서 들어주었는데, 지금 왜 그리 근심스러운 기색을 하십니까?"

이에 장손자는 말했다.

"송나라는 소국이고 제나라는 대국이다. 대체로 소국인 송나라를 구원하면 대국 제나라의 미움을 사는 것이어서 나는 그것을 걱정하였는데, 오히려 초왕은 좋아하였다. 이것은 반드시 우리가 원병을 기다리며 더 견고하게 지키도록 부추긴 것에 지나지 않는다. 우리가 굳게 지키면 제나라는 피폐해질 것이며, 초나라는 이익을 얻을 것이다."

장손자는 이내 돌아왔다. 제나라 사람들이 송나라를 공략해 다섯 성을 함락시켰지만 초나라 구원병은 오지 않았다.

5 제나라 간공을 살해하고 나라를 찬탈한 전성자를 섬겼던 치이자피(鴟夷子皮)는 전성자가 제나라를 떠나 연으로 달아났을 때 통관에 필요한 부절(전, 傳)을 짊어지고 따랐다. 국경지역의 망읍에 왔을 때 자피가 말했다.

"어르신은 저 고택의 뱀 이야기를 들은 적이 있으십니까? 연못이 말라 뱀이 이주하려 하였답니다. 작은 뱀이 큰 뱀에게 이렇게 말했답니다. '그대가 앞서고 내가 뒤따르면 사람들은 뱀이 지나가는구나하며 반드시 그대를 죽일 것이네. 우리가 서로 입으로 물고 나를 짊어지고 간다면 사람들은 나를 신군(神君)이라 여길 것일세.' 이에 서로 입으로 물고 등에 업고 큰 길을 건넜습니다. 사람들은 이를 피하며 '신군이다'고 했습니다. 지금 어르신은 외모가 출중하고 저는 추합니다. 제가 주인행세를 하고, 어르신을 저의 중요한 손님(상객, 上客)인 듯 위장하면 천승의 나라 군주 정도로 보일 것입니다. 만일 어르신이 제 시종이 된다면 만승의 나라 귀족으로 보일 것입니다. 어르신께서 제 시종으로 위장하는 것이 좋지 않겠습니까?"

이에 전성자는 전을 짊어지고 그를 수행하여 숙소에 도착했다. 그러자 숙소의 주인은 크게 공경하여 대접하면서 술과 고기를 바쳤다.

6 초나라 왕에게 죽지 않는 명약을 바친 자가 있다. 궁중 내 안내를 맡은 자(알자, 謁者)가 그것을 들고 들어갔다. 숙직하던 관리가 물었다.
"먹을 수 있는 것인가?"
"가능합니다."
그러자 그것을 집어먹었다.
왕이 크게 노하여 사람을 시켜 숙직관리를 죽이라고 했다. 그러자 그는 왕에게 말했다.
"저는 알자에게 물어보니 먹으라고 했습니다. 그래서 먹은 것입니다. 이러하니 저는 무죄이고, 죄라면 알자에게 있습니다. 또 객이 불사의 약이라 하여 바쳤는데, 제가 먹었다고 왕께서 저를 죽이시면 그 약은 사약이 됩니다. 이것은 그 객이 왕을 속인 것이지 저의 죄가 아닙니다. 대체 죄 없는 저를 죽이시면 왕께서 사기를 당했다고 세상에 알리는 것이니 저를 풀어주심만 못합니다."
이에 왕은 그를 죽이지 않았다.

7 악양이 위(魏)나라 장수가 되어 중산을 공격할 때, 그 아들이 중산에 있었다. 중산의 군주는 그 아들을 삶은 국을 보냈다. 악양은 막사에 앉아서 그것을 한 그릇 다 마셨다. 문후(文候)가 도사찬에게 말하

였다.

"악양이 나로 인해 아들의 고기를 먹게 되었구나."

도사찬이 이렇게 대꾸했다.

"그 아들을 먹었으니 누군들 못 먹겠습니까?"

악양이 중산에서 돌아온 뒤 문후는 그 공을 포상하면서도 그의 마음은 의심했다.

한편 맹손이 사냥에서 사슴새끼를 붙잡아 진서파에게 시켜 그것을 가지고 돌아가라 했는데 그 어미가 따르며 울어댔다. 진서파는 이를 도저히 참지 못하여 새끼를 어미에게 내주었다. 맹손이 돌아와 새끼 사슴을 찾자 진서파는 "제가 그 어미에게 주었습니다."라고 하니 맹손은 크게 화를 내며 그를 쫓아냈다.

그리고 3개월쯤 지나고 그를 다시 불러 아들의 스승으로 삼았다. 시종이 물었다.

"지난번엔 죄를 주시더니 지금은 아들의 스승으로 부르시니 어찌 된 것입니까?"

그러자 맹손이 대답했다.

"사슴새끼도 애처로워 참지 못하는데, 내 아들에게는 참겠는가?"

교묘하게 속이는 것이 서투른 성실함만 못하다. 악양은 공이 있었지만 의심을 샀고, 진서파는 죄가 있었는데 이로 인해 더욱 믿음을 얻게 된 것이다.

8 은나라 주(紂)왕이 상아 젓가락을 쓰자 기자(箕子)는 두려워했다. 상아 젓가락을 쓰려면 필시 질그릇에 국을 담아 먹으려 하지 않을 것이고 서각이나 옥으로 만든 그릇을 쓸 것이다. 옥그릇에 상아 젓가락이면 필시 콩잎 국을 담지는 않을 것이고, 털이 긴 소나 코끼리와 표범의 새끼를 담을 것이다. 털이 긴 소나 코끼리와 표범의 새끼는 반드시 짧은 베옷을 입거나 띠로 만든 지붕 아래에서 먹지 않을 것이며, 반드시 아홉 겹의 비단옷을 입고 고대광실이어야 할 것이다. 여기에 어울리는 것을 구하려면 천하에 있는 것으로 부족할 것이다.

성인은 미미한 것을 보고 그 맹아를 알며, 시작을 보고 그 끝을 안다. 그러므로 상아 젓가락만 보고도 불안해 한 것은 천하에 만족함이 없다는 것을 알았기 때문이다.

9 노나라 사람이 삼베실로 신을 잘 삼고 아내는 흰 비단을 잘 짰는데, 그들은 월나라로 이주하려고 하였다. 누군가 그에게 "자네는 가난해질 것이네"라고 말했다. 노나라 사람은 왜 그러냐고 물었다. 그는 이렇게 대답했다.

"삼으로 짠 신은 신는 것인데 월나라 사람들은 맨발로 다니고, 흰 비단은 머리에 쓰는 관을 만드는 것인데 월나라 사람은 머리를 풀어헤치고 다니네. 그대의 장기를 쓸 수 없는 나라에서 살면 궁해지지 않을 도리가 있겠나?"

10 진진(陳軫)은 위(魏)왕에게서 귀한 대접을 받았다. 혜자(惠子)가 그에게 이렇게 충고했다.

"반드시 왕의 측근들에게 잘 하시오. 본래 버드나무는 옆으로 심어도 살고, 거꾸로 심어도 살아나며, 꺾어서 심어도 또 살아납니다. 그런데 열 사람이 그것을 심은들 한 사람이 뽑아내면 살아남을 버드나무가 없는 것이지요. 도대체가 열이나 되는 사람들이 이렇게 잘 살아남는 것을 심는데도 한 사람을 이기지 못하는 건 왜일까요? 심는 것은 어렵지만 뽑아버리는 것은 쉽기 때문입니다. 그대는 비록 스스로 왕 앞에 잘 심겼지만, 그것을 제거해버리려는 자들이 많으면 그대는 필시 위험해질 것입니다."

11 위(衛)나라 사람이 딸을 시집보내며 이렇게 가르쳤다. "반드시 자기 돈을 만들어 두어라. 며느리가 쫓겨나는 것은 일상적인 일이고, 잘 사는 것은 우연이다."

딸은 이 말에 따라 개인 돈을 모았다. 그 시어머니가 개인 돈이 많다는 것을 들어 쫓아냈다. 그 딸이 돌아왔을 때엔 시집갈 때 가져간 것의 갑절이 되어 있었다. 아버지는 잘못 가르친 죄는 스스로 죄라 생각하지 않고, 더욱 부유해진 것을 자신의 지혜라고 했다.

12 말을 잘 보는 것으론 전설적 인물인 백락이 두 사람에게 발길질을 하는 말을 감정하는 법을 가르쳤고, 그들은 진(晉)나라 집정인 조간자의 마구간으로 가서 말을 보았다. 한 사람이 발길질을 잘 할 것 같은 말을 골라냈다. 다른 한 사람은 뒤로 가서 세 번 그 엉덩이를

만졌지만 발길질을 하지 않았다. 먼저 고른 사람이 스스로 감정에 실패했다고 생각했다. 다른 사람이 이렇게 말했다.

"그대는 감정을 잘못한 게 아닐세. 그 말은 어깨가 굽고 무릎이 부어올라 있었네. 대체로 말이 발길질을 하려 하면 뒷발을 들고 앞발이 버텨줘야 하는데, 무릎이 부었으니 버틸 수 없어서 뒷발을 들지 못한 것이네. 자네는 발길질하는 말을 감정했지만 무릎이 부은 것을 보는 데 서툴렀던 것일세."

대체로 일이라는 것은 반드시 귀결되는 곳이 있는데, 무릎이 부어서 버틸 수 없다는 것을 지혜로운 자만 알아본다. 혜자(惠子)는 "원숭이도 우리에 가두면 돼지와 똑같아진다."고 했다. 그러므로 주변 형세가 좋지 않으면 재능을 발휘할 길이 없게 된다.

13 장어는 뱀과 비슷하고, 누에는 애벌레와 비슷하다. 사람들은 뱀을 보면 깜짝 놀라고 애벌레를 보면 소름이 돋는다. 그러나 어부는 장어를 손에 쥐고, 부인은 누에를 줍는다. 이익이 있는 곳에선 누구나 전설적 용사들인 맹분이나 전저처럼 된다.

14 양주(楊朱)의 동생 양포(楊布)가 흰 옷을 입고 외출했다. 비가 내리자 흰 옷을 벗고, 검정 옷으로 바꿔 입고 돌아왔더니 개가 알아보지 못하고 짖어댔다. 양포는 화가 나서 때리려고 했는데 양주가 말했다.

"때리지 말게. 자네라도 그러했을 것이야. 자네 개가 흰색으로 나갔다가 검정색으로 돌아오면 자네도 어찌 괴이쩍다 생각하지 않겠는가?"

15 혜자(惠子)가 말했다. "하나라의 전설적인 명궁 예(羿)가 깍지를 끼고 한(扞)을 차고 활을 들어 당기면 멀리 월나라 사람들도 서로 과녁을 들어 올리겠다고 다투는데, 아이가 활을 들면 그 어머니라도 방으로 들어가 문을 닫을 것이다."
 이는 곧 "확실한 실력이 있으므로 월나라 사람도 예를 의심하지 않는 것이고, 확실하게 믿지 못하면 어머니라도 아이에게서 도망간다."는 말이다.

16 제나라 환공이 관중에게 "부유함에 한도(涯)가 있느냐"고 물었다. 관중은 이렇게 대답했다.
 "강에서 물가(涯)라 하면 물이 없는 평평한 땅을 말합니다. 부유함에 한도가 있다면 이미 만족해서 부를 더 이상 추구하지 않는 상태이겠지요. 하지만 사람은 스스로 만족스러운 데서 그치지 못하는 존재이므로 부를 추구하는 데에 한도가 없는 것입니다."

17 송나라의 부유한 상인인 감지자라는 사람이 다른 사람과 일 백금이나 나가는 옥덩어리를 사려고 다투었다. 그러다 고의로 그것을 떨어뜨려 훼손했다. 그러곤 일 백금을 변상하고, 깨진 곳을 갈아 내어 천일(이만금)을 벌었다. 일을 하면서 실패하기도 하지만 그래도 하지 않는 것보다 더 나은 경우가 있는데, 그러려면 시의에 맞게 그 부담을 져야 한다.

18 훼라는 뱀이 있는데 몸은 하나에 입이 둘이 있어 음식을 놓고 다투다 서로 물어뜯어 끝내 죽고 만다. 신하들이 권력투쟁을 일삼아 나라를 망치는 것도 모두 훼와 같은 부류이다.

19 이웃에 사나운 사람이 살고 있어 집을 팔고 피해가려는 사람이 있었다. 이에 어떤 이가 그에게 말했다.
"저 사람은 그 죄가 곧 가득찰 것 같으니 좀 기다려보는 것이 어떻겠는가?"
그러자 이사를 가려는 사람이 이렇게 대답하고 떠났다.
"나는 그 죄가 나를 가지고 가득 차게 될까봐 두렵다."
그래서 이런 말이 있다. 어떤 일이든 조짐이 보이면 지체하지 말아야 한다.

20 공자가 제자들에게 말하였다. "자서(초나라 영윤으로 있던 공자 신)가 저렇게 명성을 얻고자 하는 것에 대해 누가 충고할 수 있겠는가?"
자공이 말했다.
"제가 할 수 있습니다."
그러고는 그에게 충고했지만 자서는 개의치 않았다. 공자는 말했다.
"관대하여 이익을 쫓지 않고, 고결한 성품은 변치 않아 굽은 것을 굽었다 하고, 곧바른 것을 곧바르다 한다. 하지만 자서는 재앙을 면키는 어렵겠다."
그리고 백공의 난이 일어났을 때 자서는 죽었다. 그래서 행동이 곧은 사람이라도 명예욕에는 굽는 행동을 한다는 말이 있다.

21 진(晉)나라 육경 중 한 사람인 중행문자가 망명을 가다가 어느 고을을 지나갔다. 따르던 자가 말했다.

"공(公)은 이곳의 색부(벼슬이름)를 잘 알지 않습니까. 이곳에서 쉬면서 뒤따르는 마차를 기다리는 것이 어떻겠습니까?"

그러자 문자가 말했다.

"내가 음악을 좋아하자 그 사람은 나에게 잘 울리는 거문고를 보냈고, 내가 패옥을 좋아하자 그는 나에게 둥근 옥을 보내주었다. 이것은 내가 잘못을 저지르지 않도록 하려는 것이 아니라 나의 마음을 사려는 것이었다. 나는 그 사람이 나를 이용해 다른 사람의 마음을 사려고 할까봐 두렵다."

그러고는 그곳을 지나갔다. 과연 그는 문자의 뒤를 따르며 마차 두 대를 빼앗아 군주에게 바쳤다.

22 백규가 송나라 영윤에게 말했다. "군주가 장성하여 스스로 정사를 알게 되면 공은 일이 없어질 것입니다. 지금 군주가 어려 좋은 평판을 얻고 싶어 하니 초나라를 통해 군주의 효를 칭찬해주도록 하는 것이 좋지 않겠습니까. 그렇게 하면 군주가 공의 지위를 빼앗지 않고, 공을 크게 공경하며 중용할 것입니다. 그러면 공도 송나라에서 권력을 계속 잡을 수 있을 것입니다."

23

관중과 포숙이 서로 이야기를 나눴다. "군주의 음란이 심하니 반드시 나라를 잃을 것이다. 제나라의 여러 공자들 중 보좌할 만한 사람은 공자 규와 소백이 있다. 그대와 함께 각자 한 사람씩 맡아 먼저 성공한 사람이 서로 거두기로 하자."

그리하여 관중은 공자 규를 따랐고, 포숙은 소백을 따랐다. 나라 사람들이 결국 군주를 살해했다. 소백이 먼저 들어가 군주가 되었다. 노나라 사람이 관중을 붙잡아 바쳤다. 그러자 포숙은 말하여 그를 재상으로 삼았다. 그래서 옛말에 이런 말이 있다.

"용한 무당인 무함이 잘 빌어도 자기의 재앙을 없애지는 못하고, 진나라 의원이 병을 잘 고쳐도 자기 스스로에게 침을 놓지는 못한다."

관중의 훌륭한 재주로도 포숙의 도움을 기다려야 했다. 이를 두고 시쳇말로 "노예가 갖옷을 팔면 팔리지 않고, 선비가 말솜씨로 자신을 미화해도 믿지 않는다."고 하는 것이다.

24

초나라가 오나라를 쳤다. 오나라는 저위궐융을 보내서 초나라 군사들에게 음식을 대접하도록 했다. 초의 장군이 말했다.

"포박하라. 죽여서 피를 북에 바르겠다."

그러고는 그에게 물었다.

"여기에 오기 전에 점을 쳤느냐?"

"점을 쳤다."

"점의 결과는 길하더냐?"

"길했다."

"지금 초나라 장군이 너의 피를 북에 바르려고 하는데, 그건 어떠한가?"

"그래서 길하다고 하는 것이다. 오가 사신을 보낸 것은 장군이 노여워하는지 보려고 한 것인데, 장군이 노하면 우리는 해자를 깊이 파고, 성채를 높일 것이다. 장군이 노하지 않았다면 앞으로 나태해질 것이다. 지금 장군이 나를 죽인다면 오나라는 필시 경계하여 지킬 것이다. 또 나라에서 점을 치는 것은 나 한 사람을 위한 게 아니다. 나를 죽임으로써 나라를 지킬 수 있다면 그것이 길하다 말하지 않고 무어라 하겠는가. 더구나 죽은 자는 알지 못하니 내 피를 북에 바른다고 해도 이익이 없을 것이오, 죽은 자가 안다면 나는 당연히 전투를 할 적에 북을 울리지 않도록 할 것이다."

초나라 사람들은 그를 죽이지 않았다.

25 지백이 구유를 치려고 하는데 길이 험해 통과하지 못했다. 이에 큰 종을 만들어서 구유의 군주에게 선물로 보냈다. 구유의 군주는 크게 기뻐하며 길을 열어 안으로 들이려고 했다. 이에 신하인 적장만기가 말했다.

"안 됩니다. 이는 작은 나라가 큰 나라를 섬길 때나 하는 방법입니다. 그런데 지금 큰 나라가 이런 방법으로 온다니 반드시 군대가 따라올 것입니다. 절대 안으로 들여서는 안 됩니다."

구유의 군주는 이를 듣지 않고, 마침내 그것을 받아들였다. 그러자 적장만기는 수레바퀴의 굴대를 잘라버리고 제나라로 달아났다. 7개월 만에 구유는 망했다.

26 제나라가 노나라를 치고 발이 셋 달린 보물 솥인 참정(讒鼎)을 요구했다. 노에서는 위조물을 가지고 갔다. 제나라 사람이 "가짜"라고 말하자 노나라 사람은 "진짜"라고 우겼다. 제나라 사람은 이렇게 말했다.

"악정자춘을 오게 하여 우리는 그분의 의견을 들어보겠다."

노나라 군주가 악정자춘에게 부탁하자 그는 말했다.

"왜 진짜를 가져가지 않습니까?"

군주가 말했다.

"나는 그것을 아낀다."

그러자 자춘도 말했다.

"저도 역시 저의 신용을 아낍니다."

27 초왕의 아우가 진(秦)에 있었는데 진나라에서 내보내주지 않았다. 측근의 무사가 말했다.

"저에게 일 백금을 주시면 빼내 오겠습니다."

그래서 그는 일 백금을 싣고 진(晉)나라로 떠났다. 그리고 숙향을 만나 말했다.

"초왕의 동생이 진(秦)나라에 있는데 진나라가 보내주지 않습니다. 일 백금을 드릴 테니 숙향께서 청해주십시오."

숙향은 금을 받고 진(晉)의 평공을 만나 말했다.

"호구 땅에 성을 쌓는 것이 어떻겠습니까?"

평공이 물었다.

"왜 그러한가?"

"초나라 왕의 동생이 진(秦)에 있는데 보내주지 않는답니다. 이것은 진이 초나라에 나쁜 감정이 있는 것으로 보입니다. 그러니 필시 우리가 호구에 성을 쌓는 것을 막지 못할 것입니다. 만약 막으려 한다면 제가 이렇게 말하겠습니다. '우리를 위해 초왕의 아우를 보내준다면 우리도 성을 쌓지 않을 것이다.'라고 말입니다. 만일 그들이 보내주면 우리는 초나라를 얻을 수 있습니다. 그쪽이 돌려보내주지 않으면 이는 끝내 미워하는 것입니다. 그러니 우리가 호구에 성을 쌓는 것을 막을 수 없을 것입니다."

평공은 허락했다. 이에 호구에 성을 쌓으며 진(秦)공에게 이에 대해 말하기를 "우리를 위해 초왕의 동생을 보내주면 우리도 성을 쌓지 않겠다."고 했다.

진나라는 곧바로 보내줬다. 초왕은 크게 기뻐하며 순금 일백일을 진(晉)나라에 보냈다.

28

오나라 왕 합려가 영(郢)땅을 공격해 세 번 싸워 모두 이겼다. 그는 오자서에게 "철수하는 게 어떻겠느냐"고 물었다. 자서는 이렇게 말했다.

"익사시키려 하면서 한 번만 물을 먹이고 그치면 익사시킬 수 없습니다. 그러므로 쉬지 말고 계속해야 합니다. 기세에 올라타 가라앉히는 것이 좋지 않겠습니까."

29 정(鄭)나라 사람 아들이 벼슬을 하려고 집을 막 떠나면서 집안사람에게 일러 "무너진 담을 반드시 쌓아놓아야지 그렇지 않으면 좋지 않은 사람이 도둑질을 할 것이다."고 했다. 그 거리에 사는 사람도 역시 같은 말을 했다. 담을 바로 개축하지 않았더니 과연 도둑이 들었다. 그들은 아들은 현명하다고 여기고, 일러준 거리의 사람은 도둑이 아닌가 의심하였다.

30 노나라 애공이 공자에게 물었다. "속담에 이런 말이 있답니다. 여러 사람이 함께 하면 헤매지 않는다. 지금 과인은 일을 하면서 여러 신하들과 상의하는데 나라는 더욱 어지러워지니 어쩐 일입니까?"
 공자는 대답했다.
"명군이 신하에게 물으면, 한 사람은 알고 한 사람은 모릅니다. 사정이 이러해서 명군은 신하들에게 솔직히 논의하도록 합니다. 그런데 지금 신하들이 계손(노나라 실권을 장악한 일족)과 말은 하나로 맞추고 행동을 같이 하니 노나라가 온통 하나가 되어버렸습니다. 군주께서 비록 경내에 있는 사람들에게 묻는다 해도 이 어지러운 데에서 벗어나지 못할 것입니다."

31 제나라 재상 안영(晏嬰)이 노나라를 방문했을 때, 애공이 물었다. "세 사람이 가면 길을 잃지 않는다는 속담이 있습니다. 지금 저는 노나라 사람들 전체와 함께 하는데도 노나라는 어지러움을 면하지 못합니다. 왜 그럴까요?"